U0087946

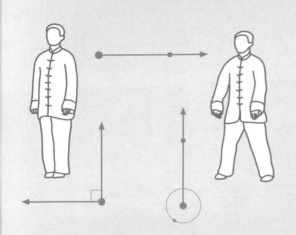

太極拳
的
科學觀

馬承九　編著

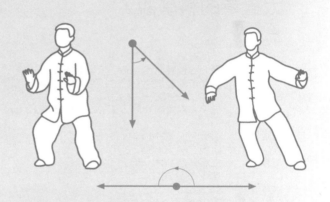

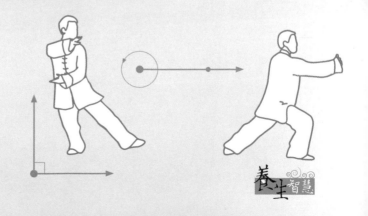

養生智慧

國家圖書館出版品預行編目資料

太極拳的科學觀／馬承九編著.－－二版二刷.－－臺
北市：三民，2020
面；　公分

ISBN 978-957-14-6444-2　（平裝）
1.太極拳

528.972　　　　　　　　　　　107011034

太極拳的科學觀

編 著 者	馬承九
發 行 人	劉振強
出 版 者	三民書局股份有限公司
地　　址	臺北市復興北路 386 號 (復北門市)
	臺北市重慶南路一段 61 號 (重南門市)
電　　話	(02)25006600
網　　址	三民網路書店 https://www.sanmin.com.tw
出版日期	初版一刷 1994 年 6 月 初版二刷 2008 年 3 月 二版一刷 2018 年 8 月 二版二刷 2020 年 1 月
書籍編號	S520650
I S B N	978-957-14-6444-2

著作權所有，侵害必究
※ 本書如有缺頁、破損或裝訂錯誤，請寄回敝局更換。

三民書局

改版說明

　　馬承九先生所著《太極拳的科學觀》全書共分二章，其中依太極拳形勢細分為數小節，以物理學擇要介紹太極拳中的科學觀點，並搭配投影人像圖介紹楊式太極長拳的步驟，使有志學習太極拳者能掌握其拳式精要。

　　本書自成書以來，承蒙讀者愛戴，至今印行數次。本局為使讀者閱讀更為舒適，乃將本書重新排版，除了加大字體外，也將版式重新設計、套色印刷，人像圖也調整成更易理解的形式；而針對內容漏誤之處，亦予以考察補正，使本書更加完善，敬請讀者繼續給予支持與指教。

三民書局編輯部　謹識

贅言代序

炎黃子弟，有立國五千多年的悠久歷史，而從事強身和陶冶心性的體操運動也曾有著漫長的歲月。前青海省樂都縣出土的彩陶罐雕像，其姿勢與人在作蹲蹲騎馬式非常相像，據考古學家鑑定，它便和春秋戰國時期以前「彭祖功」的基本姿勢完全相同。這樣看來，氣功的創始至少距今已有三千多年。

春秋末期，莊子倡導「吹噓呼吸，吐故納新」的吐納氣功，在《黃帝內經》也有所謂「呼吸精氣，獨立守神」的類似吐納之術，作為醫病的方法。西漢張良先生倡「學辟穀，導引輕身」的辟穀功，後漢《太平經》一書中又載有「胎息，服氣」的類似吐納功。到晉朝，道學大師葛洪先生強調氣與人的重要性，有云「夫人在氣中，氣在人中，自天地至於萬物，無不須氣以生者也」。唐朝孫思邈先生著有《備急千金要方》一書，將道教內修理論和醫藥衛生學融為一體，先後論及導引、調氣、行氣及煉氣等要訣。與此同時，呂洞賓先生創內丹功，並將其要訣銘刻於江蘇省蘇州市虎丘山石之上。宋朝有關氣功的各種著作最為豐富，約有兩百餘種，集道、佛、

儒及醫學各家之大成，其中《經濟總錄》一書即闡明有著名的「六字訣」。清朝末年，《少林拳術祕訣》一書不僅為武術名著，也為氣功著述中之佼佼者。近年來，戰亂平靜，生活安定，氣功之風又復風行，甚至特異功能也為茶餘酒後的談論要題，配合氣功而衍生的各種武術亦廣為大眾接受。

太極拳是諸多健身體操（俗稱中國功夫，或國術）中的一種，可以相信太極拳的創始距今相當久遠。至於創始的時日及人物眾說紛紜。相傳為唐朝許宣平先生、李道子先生及殷利亨先生所創，亦有說是梁朝韓拱月先生、程靈洗先生及程珌先生所倡導，而宋末張三丰先生所創之說更為普遍。由於名稱各異，或名三十七勢，或名後天法，或名小九天（共十四勢），或名十七勢等，而能證之這種健身體操確實源遠流長，通常被列入武術氣功的動功類。據說自張三丰先生先後傳及①陝西王宗先生，②溫州陳同州先生，③海鹽張松溪先生，④四明葉繼美先生，⑤山石王宗岳先生及⑥河北蔣發先生。後由蔣發先生再傳及河南懷慶陳家溝陳先生，而後除傳及陳氏家族外，更傳給李伯魁及楊露禪先生，自楊露禪先生再後傳及家人班侯、健侯及少侯，而後再及於其晚輩楊

澄甫先生，是為楊派太極拳的由來，為目下較為盛行者。

太極拳的命名由來雖無法考據，但按《易‧繫辭》所記「易有太極，是生兩儀，兩儀生四象，四象生八卦」即氣運而分陰陽，由陰陽而生四時，因而出現天、地、風、雷、水、火、山、澤八種自然現象。從這段記載，可明顯看出太極的主要部分是兩儀，兩儀即是陰和陽，換句話說，太極是由陰和陽為主體，即如上圖所示太極圖的黑和白兩部分。黑的如果代表陰，白的便代表陽。若以這太極圖的中心為中心，依其半徑而掃轉一周，會發現黑白兩部分的多少，在半徑上互為消長，黑白能連續的變化，周而復始，循環不已。在太極拳名詞來講，陰陽可分別代表鬆緊、開合、吸呼、實虛、升降及提況等動作和效應，此乃太極拳的太極兩字命名的第一原因。

至於四象的解釋，則未見一致，清朝成瓘先生所著《篛園日札》中有〈兩儀生四象異義〉一篇。大體上謂四象為金、木、水及火，也有說四象為太陰、太陽、少陰及少陽。這兩種說法都使人感到相當玄虛而無法理解，不過又有人解釋謂「進步為火，退步為水，左顧為木及

4

右盼為金」，這樣便可以瞭解到四象為「前進，後退，左顧及右盼」的四項太極拳的動作，這是以太極兩字命名的第二原因。至於八卦中乾、坎、艮、震、巽、離、坤、兌在太極拳中是怎麼回事呢？它們相當於太極拳中人所面對的方向，即是四個相互垂直的正方向前、後、左、右，以及四個相互垂直的斜方向，斜方向和正方向的夾角，即相互間隔的角度，都是45度，也就是俗語所謂的「八方」。普通都用太極拳中的掤、擺、擠、按和採、挒、肘、靠八個基本動作分別代表上述的八方。如是說來，太極圖中的八卦可為太極拳中的八種基本動作代表，這是太極拳以太極兩字命名的第三原因。於焉可知太極拳命名的來由。

　　試讀現今有關太極拳的書誌，可以發現，其中用詞及語句太多類似，都是累積前人的寶貴經驗的精華，不容否認或存疑！但以其艱澀玄虛而難使初學者窺察其深邃奧妙，欲求高人指點又談何容易。若要探求其中訣竅，不得不自行摸索以求領悟，若天資駑駘，雖耗盡多年心血，亦將無所得。作者自不例外。不才數十年患有胃疾、痔瘡及嚴重失眠等症，醫藥效果非常有限，痛苦萬分，所幸得善人代介，拜名師門下學習太極拳。不幸於入門

兩週之後，良師車禍斷腿住院，因而中輟，而後全憑自己揣摩和旁觀他人所為，自修完成了太極拳的全程，可知較之於科班出身的高手有霄壤之別，實在不該將所悟的一鱗半爪獻醜於公眾。唯自習拳後約一年，即覺胃疾已十九痊疴，再一年，便霍然而癒。這項成果，對有同病的朋友是一大鼓舞，故不揣學淺才疏，願將所悟些微結果，以淺顯的語句，作簡單的介紹。其中不免有謬誤之處，尚望指教，或可置之一笑。

　　書中所有插圖，希望能有助於初學者自修參考，不足之處，還須向前輩請教。至於插圖的讀法或為瞭解插圖所表示的意義，請參考書後的附錄。

　　本書稿煩請鄭坤宗先生校閱，並親自按稿操作一遍，指正之處良多，並此誌謝。

八旬老叟 馬承九 謹識
民國八十三年於臺南市

目　次

1

第一章
基本觀念和基本動作

1-1
重心，平衡與全實和全虛

地球表面上任何物體所含的諸多分子，時時被地球吸引，有諸多垂直於地面的吸引力，這諸多被吸引的總力俗稱為物體的「重量」。我們居住在地球上，自不能例外，也有被地球吸引的該項總力，俗稱之為人的「體重」，故人的「體重」作用線的方向也是垂直於地球表面的，也就是指向地心。

如果拿一個和上述吸引總力大小相等、方向相反，而是向上的單一力，去支撐該物體，理論上可以使物體沒有上下移動，而達於平衡，可是不能保證它沒有或左或右或前或後扭轉的運動，即不能保證它是在穩定平衡狀態。可是事實證明，如果將物體方位及支撐點都調配得適當確實，可以使物體達到某種穩定的或不穩定的瞬時平衡。例如特技師不是可以用一隻手指或一個工具的尖端，使一個較大物體舉起達到不穩定的瞬時平衡嗎？

特技師所用的單一而向上的力，即相等於被舉起物體的重量，他用力的方向是和被舉起物體的重力方向相反的，都是垂直於地球表面且兩者方向恰巧相反。在此情形下物體被支撐的一點叫作物體的支撐點，支撐所用的力，叫作平衡力。上述物體重力及平衡力的作用線，便是它作用的方向，雖然這些沿作用方向的作用線，是抽象而難以為人眼所見，但不能否認，凡力都有作用線的存在。上述兩種力都是垂直於地球表面，但有很多力是不與地面成垂直的。

　　把同一個物體扭轉到另一個方位，將支撐點改換另一個位置，也能使該物體同樣的達到另一種不穩的瞬時平衡，也有另一個平衡力的作用線。由是可知，同一個物體可有很多個支撐點和平衡力的作用線，如圖 1–1 中的(a)(b)(c)等所示。感謝上蒼創造萬物，並賦予萬物的巧妙，居然可使同一形狀固定的物體在諸多不同方位的諸多平衡力的作用線能相交於一點，而且僅有一點，如圖 1–1 中的 c 點所示。

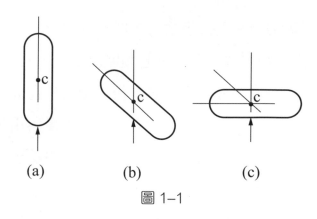

(a)　　　　(b)　　　　(c)

圖 1-1

　　普通都叫這一點為物體的「重心」或「重量中心」，如果物體為實心而沒彎曲的剛體，它的「重心」是在物體內而具體可以察尋的；若是物體為空心或有彎曲發枝情形的剛體，它的「重心」很可能在物體中空部分或彎曲發枝部分的空間成變動的位置，可是不能否認，它仍然有「重心」存在。假如物體不為剛體而為易於變換形狀的，它的重心位置便不固定，而是依它形狀改變而變換位置的。人不能算是剛體，雖然他的形狀不易改變或改變得不會太多，但總是可以改變的，所以人的重心在體內的位置是不能固定的。

　　從一般人的立正姿勢作標準，如果人身向前彎曲傾斜，人的重心會因而向前向下移位，使人身失去平衡，

4

這便是太極拳中所謂的「丟」。若是將人身向後向上傾斜，人的重心便會因而向後向上移動，也可使人身失去平衡，這在太極拳中俗稱為「頂」。若將人身向左或向右方傾斜，人的重心會因而向左或向右移動，也可致人身失去平衡，即太極拳術語的「偏」。要是人身向前向上傾斜，人的重心會因而向前向上提升，也可能使人身失去平衡，是為太極拳中所稱的「抗」。以上「丟」、「頂」、「偏」、「抗」都是太極拳中應極力避免的弊病。依此推論，可以知道人的臂膀或腿腳自立正姿勢向身體外伸出，或自身外向身體縮回，都會影響人身重心的變化，為了不使失去平衡姿勢，必要調整人身，使重心最好能保持在未伸出或縮回的位置。

既然用通過物體重心而垂直地面的單一力量，可以與物體的重量達到靜力平衡，可以推想到物體諸多分子受地球吸引力的總力可視為單一力，這單一力是通過物體重心而和上述單一的平衡力方向相反而大小相同。換句話說，物體受地球的吸引力，可以用通過物體重心且垂直於地面的單一重力代表，也就是當物體或人體在靜平衡狀態時，必有一通過重心的自身重量而垂直地面的

單一作用力。

　　當物體在穩定平衡狀態時，對它加一種通過重心垂直於地面，且為向上方向的力量，可改變物體作用於地面的垂直力。如所加力小於物體的自身重量，則物體作用於地面的合力已不再是它自身重量，而為物體重力與所加力的差值，其方向仍然向下垂直於地面，尚可維持物體的平衡。但若加於物體的上述向上單力，恰巧等於物體向下的重力時，上述的力差將為零，即物體作用於地面的淨力為零。進而言之，若所加於物體的上述向上單力大於物體的重力時，上述的力差便為負值，物體將被所加的單一力向上舉起而離開地面，依該負力差的大小，即物體所受向上舉升力的大小，而致物體有大小不同的加速度上升，這時物體便不在靜平衡狀態。

　　於是可知當人受一種向上單力作用時，可以改變人身作用於地面的淨力，這淨力的方向可以為向下而維持人體的平衡，也可能是向上而使人體具加速度上升而暫失去靜平衡。加諸於人身的上述向上單力可為身體以外的外力，也可為人身自身所發布的內力。例如在急速吸氣使腹腔內部臟器及體液急速被擠而上升時，則該腹腔

內部臟器及體液的質量與受擠而上升加速度的乘積即為人身所受的第一種向上內力。這內力可減少人體自重作用於地面的力，也可使人身作用於地面的力降低。第二種內力則由人的神經中樞發布命令，使腿腳的筋肉發生收縮，即自人身內部發施向下單力作用於地面，地面對人身腿腳的反應力向上作用於人身，這反應力也可稱之為發於人身的內力，它也能使人身作用於地面的淨力降低，當這反應力大於自身的重量時，人身也將會被這種內力舉升。在太極拳中常利用上述第一種內力以降低身體和地面的相對作用力，即降低腳底面和地面的摩擦力，可使太極拳中有旋轉運動時的阻礙力降低，達到輕易旋轉的目的。上述第二種內力，主要是能使人身離開地面，而進行人身位移的各種動作。

　　當物體被靜止放置在地面時，它和地面直接接觸的面積可為一片完整的面積，也可能為諸多小面積間而匯成的網狀群面積。例如將一塊磚頭平鋪在平的地面上時，兩者的接觸面是一個平整的平面，若將一把椅子正常平穩放到地面上時，它和地面的接觸面便是幾支椅腳和地面接觸的幾個小面積所匯成的群面積。依此可知，當人

以一隻腳支撐人身而站立在地面時，人和地面的接觸面為一隻腳的腳後跟腳掌和五個腳趾和地面接觸的群面積，若人穿著鞋子，可以籠統的說，人和地面的接觸面是一隻鞋底的整面積。當人以兩隻腳平均分擔體重的站立在地面上時，人體和地面接觸的面積為兩隻鞋底的面積所構成的群面積。

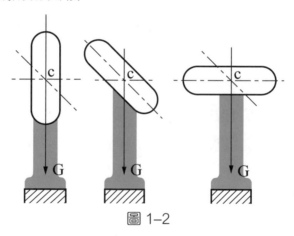

圖 1–2

前文所述，物體受地球的吸引力，可以用通過物體重心且垂直於地面的單一重力代表，如圖 1–2 中的物體重心 c 及它的重力 G 所示。下方可為物體和地面接觸的完整面積或群面積，事實證明，只要物體重力 G 的作用線能垂直於且和接觸面積相交點能在接觸面範圍之內，這物體便處在力矩平衡狀態，即物體不會傾倒。

　　依此推斷，人在作太極拳運動時，不論身體臂膀等伸出於腳底和地面的接觸面與否，只要通過人身重心的重力作用線，能落在腳底和地面接觸面之內，若無受到夠大的外力，人便沒有傾倒的可能，而在較穩定的平衡。換句話說，打太極拳時，欲使人身在平衡狀態作各種動作，便須在作各種太極拳動作時，調整重力作用線始終能落於他和地面的接觸面之內，這在太極拳中是非常非常重要而不能絲毫馬虎的。否則人身重力作用線落在他和地面的接觸面以外，有如圖 1–3 所示的距離 a，那麼人身對接觸面將有一種力矩，即 G 和 a 的乘積 Ga，這扭矩就是使人不穩而生傾倒的根源。在這情形下，人既不能穩定，自然便沒法作太極拳的動作了。

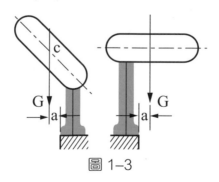

圖 1–3

　　不過這都是指人在站定後，作太極拳動作的情形，

事實上，在全套太極拳中，人身的重心位置有非常多次的移換，即人的腳底和地面的接觸面及位移有前進或後退、左挪或右移等的更換。每次位移都是將人身的重力作用線自一隻腳和地面的接觸面移換到另一隻腳的接觸面上，在移換過渡期間，人身所受的重力作用線仍能在兩腳所成的群面積之內，因此人身仍能保持平衡而不致傾倒，只是兩腳底所承受的人身重量會互有消長。在太極拳中，除極少數情形如「起勢」及「十字手」外，大多在位移時，是將人身重力全部自一腳底移換到另一腳底，換句話說，太極拳前進或後退、左挪或右移都是將人身所受的重力作用線自一腳腳底和地面的接觸面之內移到另隻腳和地面的接觸面之內。在未移之前，人身重量全部作用在一隻腳底中央，另一隻腳不論著地與否，都不負擔任何人身重量。移動之後，使另一隻腳負擔人身重量的全部，而原來的一隻腳不論著地與否，都不負擔任何人身重量。在太極拳的術語中，那負擔人身全部重量的一隻腳稱之為在「全實」或簡稱為「實」的狀態；同時，不負擔任何人身重量的另一隻腳稱之為在「全虛」、「全空」或簡稱為「空」的狀態。如果移動之後，

人身重量由兩隻腳共同負擔，是太極拳中所謂「雙重」。自「雙重」狀態將人身重心移動時，勢必要先將人身重力全部移到另一隻不擬移動的腳底中央，使之在「全實」狀態，始可使要移動的一隻腳發生移動或作另一種動作。即不能從「雙重」狀態即刻移動要移動的一隻腳，或即刻能作另一種動作，不免覺得麻煩和遲緩，雖然並沒有明文規定或條律限制，但已普遍為太極拳界所不取，即應極力避免發生有雙重的現象。換言之，太極拳操作中，應對腳的全實及全虛特別重視！

1-2
腹部呼吸

在中國先人書籍裡，有關強身運動的敘述中，常把呼吸及運氣分成很多種，而且強調它的重要性。拿呼吸來講，可以簡化為正常的自然呼吸，太極拳中又稱之為「小呼吸」，和「腹部呼吸」或「深呼吸」或「大呼吸」。腹部呼吸是太極拳的精華所在，特別重要！太極拳運動之所以能祛病健身，幾乎完全靠腹部呼吸，而不是靠肢

體的運動。君不見練太極拳的人，都不是熊腰虎背而可保有相當的生理健康之士？要知道什麼是腹部呼吸，請先看一下初生不久嬰兒的呼吸情形，他（她）在吸入空氣時，很明顯的腹部是向下落；自體內呼出氣體，腹部很明顯的向上鼓起，即由腹部起落幫助他（她）的呼吸。待到逐漸長大，對腹部的依賴逐漸降低，而幾乎多靠胸部起落作呼吸，較少部分靠腹部幫忙。到了晚年，腹部運動更少，於是靠腹部幫助呼吸的成分更低！由是可知，年長的人習作太極拳至少可增加他（她）們的腹部呼吸，可增加他（她）們消化系統等的運動和吸收營養能力，自然對健康有所俾益。

　　至於如何施行腹部呼吸呢？請先將眼簾放鬆下垂，同時頭皮也跟著放鬆，兩眼眼皮微合，然後藉呼氣使兩肩因之自然下沉，進而腹部能擴張放大，整個人幾乎在睡眠狀態，維持著較緩慢的自然呼吸。自此兩唇微合用鼻自外界吸氣到肺內，同時自小腹下部起向內收縮，這樣一方面不停的連續吸氣，另一方面腹部的收縮也同時逐漸上移，一方面肺部逐漸充氣而使胸腔擴大，另方面腹內的臟器及該部體液也同時被推擠而上移。這時候體

內各部肌肉也在緊張狀態，待吸氣到不能再吸下去時，胸腔已擴張到最大限度，腹部已收縮到最小容積的限度，腹內的臟器已被擠推到至高點，人身重心也被推移到新高點，體液也被擠升到最大限度，以至於有少許腦部滿脹的感覺。如果吸氣速度過高而致體液被擠升的量過多且擠升速度過高，很可能導致頭部發昏或中風情形，所以這種吸氣不能速度過高，應適可而止。同時，在外表上有一種明顯的現象是吸氣時，兩肩很自然的有上聳情形。綜合上述，自起始吸氣到能吸的最大限度期間，腹內肌肉的緊縮範圍越來越廣，待到吸氣到達能吸的限界時，可以說人的本體內部已在全實狀態。

待吸氣到了最大限度情形時，可以開始收縮胸腔，用鼻孔從肺部向外呼氣，因為胸腔的收縮能使人覺得頭部放鬆，緊接著是兩肩自然的逐漸放下，兩臂膀同時鬆弛而下垂，太極拳術語謂之「沉肩」。同時，背脊也會覺得鬆弛，如是繼續不斷的向外呼氣，胸腔會繼續的向內收縮，兩肩和兩臂膀會繼續的鬆弛並且下垂，背脊肌肉也會繼續的鬆弛而下移，相對的，脊椎骨不下墜，而對背脊肌肉而言，有向上的相對運動。

進而上腹會逐漸向外凸脹，而趨向於恢復平常狀態，繼而擴張到下腹也逐漸凸脹，腹內的臟器也會因腹腔的容積逐漸擴大，逐漸解除緊張而鬆弛，從而逐漸下移。人身重心也因而下移，趨於平常位置，待呼氣到了能呼的最大限度時，胸腔已到達比平常部位還要內縮的程度，此即太極拳術語所謂之「含胸」。背脊肌肉已下垂到極限，相對而言，脊椎骨和背肌的相對位移已達到至大程度，這在太極拳術語中稱之為「拔背」，其實並沒將背拔上，而是背肌下垂時有脊椎骨上升或被拔上的相對現象。兩隻臂膀及肩膀都落到及鬆到極端，如果臂膀是在下垂狀態，會繼續感覺到手指端部逐漸充血而飽脹。若臂膀是上舉到肩膀以上位置，臂膀會感覺到手指端部有缺血的麻木現象，這手指頭部分飽脹及麻木的感覺，即太極拳術語中所謂之「形於手」。換句話說，如人能呼氣時，感覺到手指有上麻下脹的現象，即證明呼氣已到能呼的限度，也就是「含胸拔背」到相當好的境界。

待因呼氣而使腹部各臟器都靠其自身重量而落到下腹的最低位置時，小腹向外脹出的量比平常狀態還要凸顯，這在太極拳術語中謂之「氣沉丹田」。事實上，腹內

臟器能沉到小腹的最低位置，是利用呼氣而來，並不是將吸入的空氣送到「丹田」（書載為臍下若干距離）。依人體生物學而知，人吸入體內的空氣只能到人的肺部為止，在肺部，經中間介質吸收與化學反應，而間接產生清潔血液的效果，而後將體內的二氧化碳從肺部呼出體外。所吸空氣並未進入體內的任何其他器官，何來能「氣」沉丹田？由是可知，氣沉丹田有另作解釋的必要。不過至少可以肯定「氣沉丹田」一詞中的氣並非是自體外吸入體內的空氣。為求對「氣沉丹田」一詞作合理的說明，可解釋為人利用自體內向外呼氣為手段，使腹內臟器放鬆，並靠它自身重量下墜到下腹最底端的現象。若此一解釋不妥，或可另作說明，這可等述及太極拳術語所謂氣為何物時，再行解釋。

　　當腹內臟器靠其自身重量墜落到下腹底部時，呼吸循環中的吸氣理應開始。但事實上，即便可施行吸氣，由於臟器下墜時的慣性不小，則在吸氣初期，下腹不但不能立即收縮，而且在短暫過渡時間內，下腹還會少許凸脹，而有使腹部緊張稍為上升再下降的情形。過了這一短暫的過渡時期之後，吸氣時才有腹部收縮的現象。

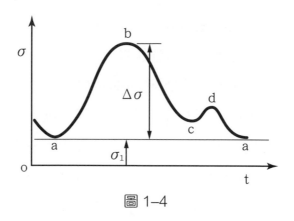

圖 1-4

　　圖 1-4 所示為腹部呼吸時，腹部肌肉及腹內臟器緊張程度與呼吸時間之關係的大略情形。a 為吸氣時腹部有收縮現象的始點，b 為吸氣到最大限度，腹內臟器被推擠到腹部上端，人身重心被推升到最高點，腹部肌肉及腹內臟器已緊張到至高程度，也是要從體內向外呼氣的起始點。c 點為腹內臟器尚具慣性速度而墜落到下腹下端的瞬時，即為呼氣過程已完而又吸氣的起始點，d 點指示腹內臟器已耗去它的慣性能量使它下墜速度已為零的狀態。將動能轉換為靜能後，臟器密度及壓力會提高，因而小腹下部會自動稍微凸起，緊張度可較 c 點為高，因此可知，bc 階段為純粹呼氣腹部及其以上放鬆時期。cd 為吸氣初期在腹內臟器從下墜速度不為零，而至

該速度為零的慣性消失階段，腹肌及其中臟器反而短暫時間緊張時期。 da 則為吸氣初期極短暫的腹部放鬆現象。上述 cd 及 da 兩階段若非真能鬆到極限，否則較難體會感受得到。

cdab 是為吸氣階段 ，圖中 σ_1 表示人在平常時腹部緊張程度，$\Delta\sigma$ 為全腹部呼吸過程中腹部緊張度的變化，自 a 經 bcd 而再循環到 a 所需的時間稱之為腹部呼吸每循環所需要的時間，這時間遠較人在正常狀態行自然呼吸所需的時間為長，因此腹部呼吸又稱為「長呼吸」。又因腹部呼吸使腹部凸凹情形遠甚於自然呼吸，所以又稱它為「深呼吸」。

若施行腹部呼吸者是在站立姿勢，在腹內臟器完全墜落到下腹的底部時，再繼續呼氣的話，會壓迫到胯部的神經系統使左右兩胯骨放鬆，而分別向左右分開，即太極拳術語中的「胯開」或「胯鬆」。這時候胯部肌肉也放鬆，進而胯部以下的肌肉也放鬆，這部分肌肉中的體液也會靠自身重量向下流動，如果腳趾沒有抓地，而鬆弛的分開著地，又小腿肌肉也沒繃緊，則膝部以下小腿部分的體液也會靠自身重量而下落，自然在此期間，胯

部以上一部分的體液也跟著會落到膝蓋以下地方。待腳底以上的體液落到腳底面時，尚且有相當慣性速度，因而除體液的靜重力外，加諸於腳底面的力尚有體液的動態力，或稱尚有體液的衝力加諸於腳底面。

這體液的靜重力及衝力的反應力立即作用於體液，體液接受這項靜重力及衝力之後，立即以音速經體液而迅速傳到腦際，使人感覺到自上而下落墜的體液已到達腳底面，或說人體已自上而下的鬆透，即全身在鬆弛狀態。用太極拳術語來說，人身在「全鬆」、「全虛」或「全空」狀態，也是呼氣的完結，因此似乎又把腹部呼吸的效應擴展到腿部。這時腳底面所感受的力已較人身的重力多出因慣性衝力所造成的動態力，也是人在站立狀態要再吸氣的起點，人也比較能夠平穩。因而在太極拳術語中稱之為「根在腳」。

人在站立姿勢且在全虛狀態時開始吸氣，以求先前自上部落墜到腳底的體液能回升，所以吸氣開始先收縮腳部肌肉，而後依序收縮小腿及膝蓋以上的大腿肌肉。這些體液受壓而上升到胯部時，會使兩胯骨受胯部肌肉收縮而收縮，也同時會使肛門有所收縮，即太極拳術語

中所謂之「收住閭尾」。自此繼續吸氣自腹部起便向內收縮，一如上述的吸氣時腹部及胸腔的各種變化，待吸氣到上述的限度時，全身都在內緊之中，太極拳術語稱之為全身在全實狀態。

　　至此所討論的為立姿者作腹部呼吸的概略施行方式，其中也論及全實和全虛之真正意義。事實上，打太極拳時，幾乎都採站立姿勢，所以應該時時考慮到人身的全實和全虛的重要性，同時也能意識到腳的實和虛。

　　可以把人視為一部能作功的機器引擎，也可以視作一個產生動力的原動力廠。它接受的原料不是普通燃料，而是進入體內的食物和水分，它沒有作燃燒用的氣缸或鍋爐去將燃料轉換為附於工作介質的熱能，但它是用胃腸和有關物質將吃入的食物和水分轉化為附於所生基本化合物的熱能，這些帶熱的基本化合物進而被輸送到腹腔內各個相互溝通的臟器，再分別製造各種不同的成品或半成品化合物。雖然這些成品或半成品化合物顏色上有紅白黃綠等的不同，味道有酸甜苦鹹等的差異，然而它們供給人體各機構，使之不停正常運作以及維持人身各項功能的目標是完全一致的。除此之外，在腹中尚有

不能轉換為有用的物質和熱能，會自體內排出，相當於引擎或動力廠排氣管或煙筒所排出的廢氣！

　　如果將人體腹腔視為一個聯合化學工業區，各種臟器分別為製造不同產品的化工廠，它們應該彼此有良好的溝通，而達到相互的生產平衡，人體才不會發生疾病。如是之故，可見人體維護腹內臟器的良好溝通和使它們生產平衡，遠較鍛鍊四肢的肌肉骨骼重要得多！

　　根據以上所述腹部呼吸的方法，可知它能使腹內各種體液（包括血液）及各臟器有前後次序而均勻的流動，確實可以在上下前後左右有序「鼓盪」的情形下，各臟器互通有無而促進相互生產平衡及人身有適當新陳代謝。這似乎可以說太極拳中的腹部呼吸對人體健康有莫大的助益。換句話說，太極拳的重點是在腹部呼吸，也就是為什麼太極拳在中國各項固有運動中被列入為「內家拳」的原因。也未嘗不可說腹部呼吸是太極拳的精華所在！

　　人在睡眠時，體內的各種體液中，除血液是靠心臟泵浦不停的使其在體內作強迫對流的循環之外，其他的體液都是依賴自然對流的作用以維持在體內運行的。也

許因為這時候幾乎沒有外界的干擾也能達到循環的流暢，各臟器間的相互溝通可能較緩慢而沒有太大的阻礙。可是當人在工作或在運動的時候，因為工作或運動的種類和方式不同，而牽動身體的部位有所偏差，不免腹內臟器中有的因運動而生產過量，又有的相對而言，緩滯不足。這或許是致病的基本原因。當人不工作，而習太極拳運動時，施行腹部呼吸可以將上述的過量或緩滯不足的缺點加以疏解，而減少過量或緩滯不足所帶來的後果，這也可以說是腹部呼吸對人體健康的第二大助益。豈不可以說是「有病卻病，無病強身」俗語的來源？

　　在施行腹部呼吸時，體液是在提增壓力的情況下向上運行的，各臟器間的互通有無也是在提增壓力的情況下流通的，可以說這種運行和流通都是在強制對流下而循環不已的。這種強制對流的流動速度比自然對流的速度為高，顯然可見在單位時間內，流經通路的體液量會較自然對流時的量為高，也可見各臟器在單位時間內所製造的成品或半成品化合物的量也會比較多，也就是人體各部能輸入的供應比較充分，使各部的新陳代謝功能速度也較高。同理，在呼氣將人體鬆弛時體液流路中的

液體壓力差也較自然呼吸時為大，也有上述同樣情形。
例如血液供應較多時，紅血球帶到各部分的營養比較多，
白血球所到之處的消毒能力也會比較強，如是可見腹部
呼吸可使人體各部較為不虞營養供給的匱乏，而且防止
疾病的能力有所提升，這未嘗不可說腹部呼吸是增加營
養而對人體健康的第三種助益。

在腹部呼吸的吸氣期間，體液被提升壓力而流動的
波面上是體液壓力提升先端，所以這種壓力波面所到之
處，神經細胞外的荷電鈉離子和荷電鉀離子，由於體液
壓力的升高而被擠壓滲透到神經細胞膜之內。雖然同時
也有細胞膜內的鈉離子和鉀離子會少許滲透到細胞膜之
外，但總結果是神經細胞膜內的離子增加，即細胞膜內
荷電量增加，因此而生的電流經各神經細胞及細胞膜間
的導體很快的傳達到腦際，即可使腦部感知到體液流動
的壓力波波面的所在。

如人繼續吸氣，則壓力波會逐漸上升，經由上述離
子滲透作用，會使腦際感知壓力波波面有上升狀況。吸
氣時，導致體液壓力的提升越大，則所導致的該電流會
越強，腦際的感應會越敏銳，即可使神經系統較為健全。

於是可知人體各部機能可以較為靈活和敏銳，而不致有呆滯失常現象，這似乎也就是腹部呼吸對人體健康的第四種助益。

腹部呼吸既可以提升並強化人體各部功能，其中人體滿布的各種蛋白絲的收縮功能，和各蛋白絲間的掣爪功能自然也會被提升，由是可知一旦腦中樞發布動作的指令後，可經由神經系統迅速的傳達到所要動作的神經纖維膜，進而也使膜外的鈉離子和鉀離子向膜內滲透。由是而生動作電位，這動作電位可激發和活化肌動蛋白絲和肌凝蛋白絲間的吸引力，在有腺核苷三磷酸 (ATP) 供應能源情形下，可致該兩種蛋白絲相互沿軸向合攏，因藉兩者間的掣爪作用而達到所謂肌肉收縮的目的。

這肌肉收縮便是從人體產生「力」的根源，利用腹部呼吸可顯見能促進上述離子的滲透量，能增加 ATP 的供應量，可使肌肉收縮動作程度比較強而較能持久，因而人的日常生活所作的外功較多而持久，不致有「心有餘而力不足」的歉疚，人既能多作事多所表現個人本能，應可使身心愉快的。再則因作功力的充沛也能使腹內各臟器的蠕動能力增強，不但使其製造化合物的能力提高，

而且能使消化系統及新陳代謝系統增強，攝取食物營養的誘力相形加大，胃疾減輕，可提高生活樂趣。這也可說是腹部呼吸對人體健康的第五種助益。

腹部呼吸可增加吸入體內的空氣量，因而可增加人體血液清潔功用的氧氣，使血液混濁程度降低，因此使人的精神煥發。另外，在腹部呼吸的呼氣期間，皮膚表面也很自然的鬆弛，毛細孔不再鎖閉而敞開，這種現象可使體內一部分廢棄物質經由毛細孔排出體外。諸如上述，可說是腹部呼吸對人體健康的第六種助益。

體液在人體內流動的流道有的為近似圓形斷面的管，有的為纖維間的不規則而狹窄的形狀。因為體液和臟器所製造的化合物並沒有十分完好的過濾，而且它們的純度並不如理想，所以其中難免有或多或少的雜質摻和其間，當它們流經流道時，不免有少許雜質會停滯及貼坿在流道的周壁上，日積月累會使停滯層到達某種厚度，這停滯層不但會使流道的斷面積減小，而且會阻礙體液等對該流道器官的供應功能及該器官的排洩作用。最常見而較嚴重的如血管阻塞等，這種阻塞可為高血壓的病源，可為各種心臟病的導因，如果能平時多作腹部

呼吸，使血液能有較高速度的流動於流道之間，多少具有沖刷作用，而使上述的停滯層沉積較為緩慢，也有減薄停滯層的可能，豈不可以減少人們罹患諸多類似疾病的可能？這可稱之為腹部呼吸對人體健康的第七種助益。

體液在體內所流經的管路和流道的斷面雖然大小不一，然皆多為狹窄細縫或類似繡花針粗細的小管，因而如腹部呼吸時對體液的施壓較大或過猛，如施壓較大，可能造成體液來不及通過流道而在其前部某處積存，此項積存更會引起某處液壓的逐漸升高，可能造成某部失衡而發生危險。如若對體液施壓過猛而勉強以較高速度流經流道，則體液到達流道極端時的動能比較大，不幸在該極端地方正是流道較小的微管等，故而當該較高動能在較微管端轉換為較大位能時，所轉換的較大位能會造成體液具有較高的壓力。

這較高壓力比較容易使該處微薄流道管路發生破裂，例如血液在吸氣時被迫向上流動到上端腦部時，如吸氣時對血液施壓過大或過猛，則可致腦昏或甚至於腦血管破裂而不幸中風，這種對人體具非正面影響的現象應該極力避免，即在作腹部呼吸時，不應吸氣過於快速，

而收腹時也不宜收縮過猛，意即腹部呼吸宜緩宜慢，也就是太極拳各項動作何以應該斯文輕鬆，可是腹內及膚內卻有相當的剛強！

如果人沒有特殊病症足以導致不能入眠，也沒特煩心事及剛飲用刺激物的話，試靜仰臥床上，作腹部呼吸中的呼時，會使人身體肌肉放鬆，可減少肌肉的緊張，又能消除腦際的煩人情緒，如是連續的多次腹部長呼和短吸，很可能將腦際的緊張情緒大部滌除，而後不由自主的呼吸也會隨之緩慢下來，逐漸恢復到自然呼吸，兩眼也會合得更為密閉，最後極可能就此入眠。

這和俗用的「數羊」催眠有異曲同工之妙！這種腹部呼吸和上述太極拳中的腹部呼吸所不同的地方在於吸時使腹內的緊張程度盡量減低，呼時腹部的鬆弛和膨脹度比較大，便是說用於催眠的腹部呼吸重點在於「呼」而輕於「吸」。這似乎又可說明利用腹部呼吸可使人有催眠的效果，未嘗不可說是腹部呼吸對人體健康的第八種助益。

1-3
鬆

　　太極拳的書裡及術語中有所謂之「太極拳的精義在乎一個鬆字」，依此可知「鬆」在太極拳中的重要性。現在要討論的「鬆」即上節所論腹部呼吸中所涉及的鬆。從上節可以知道使身體放鬆的目的在於能使體液在體內暢通無阻，使體液盡量墜落到著地的腳底面，使腳底面作用於地面的壓力能比較高，而使身體不易撼動，讓人身重心落到可能的最低點，使身體較為穩定不易扭動。最主要的目的還是在於配合吸氣時候的「緊」而使腹內外各體液有良好的循環流動，人體各部能得到較足夠的必需品，以維持良好的新陳代謝。由於鬆可使腳在全實狀態而全身平衡穩定，可使太極拳的動作易於進行，鬆的動作也可說是消除緊張的動作，可將緊張全部消除，也就是鬆到理想的境界。

　　可見鬆是從「緊」開始，鬆的程度是依靠緊的程度高低而來，鬆和緊相互交替依持的，這便是俗語所謂的「兩山之間必有大川，兩川之間必有大山」的通理。要

想鬆的領域大，便要緊的強度高，換句話說，在腹部呼吸中吸氣所造成的緊越高，則鬆弛的程度也隨之越大，如圖 1–4 中 b 點越高，可使 $\Delta\sigma$ 越大，即鬆的程度可越大，腹內各臟器的功能及人身的做事能力都會因而加強。

在打太極拳時，什麼時候開始鬆及什麼時候鬆完呢？以上可知，鬆是在緊到終點開始，而鬆到緊的開始為止，環環相接而連續不斷。一套太極拳中包含有近乎一百個動作名稱，總共約兩百多個不同及相同的動作，凡是一個動作的開始便是緊的開始和鬆的終結。一個動作完結時是鬆的開始和緊的終止，一個動作的開始在太極拳術語中謂之「開」，同時一個動作終結在太極拳術語中謂之「合」。可見鬆在「合」的時候起始，緊是「開」的時候起始，這樣可知一套太極拳可以有兩百多次的鬆緊。嚴格講鬆和緊應該相提並論，而不宜單獨探討的。

然而，事實上，施行起來鬆遠比緊難得多，所以一般僅討論「鬆」而避免談「緊」，就是這個道理。為使太極拳的動作做得比較確實，必須在起始動作時，身體要穩定平衡，尤其希望腳對地單位面積上作用力（即壓力）要比較高，故而多希望一隻腳著地時起始作太極拳的動

作。那麼每次鬆的開始，便又是移動身體到人身重心作用線在某隻腳接觸面上的時候，而且一定要當人身重心作用線，被移到能垂直落於腳和地接觸面中間再開始，並在那部位鬆完，否則便為上述應極力避免的「雙重」。

怎麼鬆呢？這正和上述腹部呼吸中呼的方法相同，大部分是藉重自體內向外呼氣達成的，鬆是從人的頭頂起始或從腦部開始，先要將腦際的雜念拋到九霄雲外，額上表皮使之自然下垂，同時眼簾下垂，這樣頸部以上可以鬆弛，即太極拳術語所謂之「虛靈」。因為與這額皮及眼簾的下垂相形之下，腦殼有向上頂升的意味，這便是太極拳術語中的 「虛靈頂勁」，其實並沒任何頂升的勁，自此之後，用鼻自肺內向外呼氣，肺的體積因而縮小，肺腔因而起始向體內收縮，這種收縮力可拉動雙肩的神經系統，很自然的使原先上聳的雙肩不再上聳，而開始下落，這即是太極拳術語中所謂的「沉肩」。在這沉肩的同時，兩隻臂膀也隨之自然放鬆而下垂，即為太極拳術語中的「鬆臂」，事實上「沉肩」和「鬆臂」是同時進行的，所以「沉肩鬆臂」可以當作是一個現象。

如繼續自肺部呼氣，胸腔會比正常狀態時下陷，即

如上述在太極拳術語稱為「含胸」，緊跟著便有相當於背脊上拔的相對現象，乃是在討論腹部呼吸中所提及的「含胸拔背」。若人穿著有領的衣服，在含胸拔背的時候，頸子和衣領將會因而分離得較寬一點，因而又有「虛領頂勁」一句術語以替代含胸拔背一詞，因為雙臂放鬆而下垂，所以雙臂中的體液將可以自身重量而向下流動，因而有前述的手指脹或麻的情形，即有形於手的情形。如果能將肺內氣體呼出得比較多，胸腔會下陷收縮得比較深，即含胸的程度較高，因而兩臂及胸部鬆得較透徹，體液流動量較多，腹部呼吸給予人的益處會較大，由是可見含胸動作在太極拳中及人身獲益中如何的重要！

自此繼續自肺部呼氣，腹內各臟器鬆弛後，依靠它們的自身重量依次下落，於是上腹及下腹也依次逐漸趨於正常，而有逐漸外凸現象。等到它們能鬆透而落到腹部最下端時，即太極拳術語中所謂之「氣沉丹田」，已如前述，而後受腹內臟器下落，可使左右兩胯向左右兩側鬆擴，即上述太極拳術語所謂之「胯開」或「胯鬆」，自此可不靠呼氣而能使腹內一部分體液順胯而下，迅速達到膝蓋附近，如果這時候小腿沒有繃緊而腳趾也放鬆平

鋪到地上，則體液便會無阻的直接流落腳底面，這就是從頭到腳放鬆的全部過程。大體上，達到鬆的目的所用的手段大部分是呼氣，其間應當特別注意的是含胸和腳趾的放鬆平鋪著地。

　　上述有關鬆的過程，事實上幾乎人人都在日常生活中體會過，當人「伸懶腰」的時候，是先吸入空氣而使人體及腹內臟器引伸向上，自下而上的拉緊，待呼氣時，便自上而下的放鬆，恰和腹部呼吸的吸呼現象完全相同。換句話說，實際鬆的滋味可以在「伸懶腰」後半部去體會，如果能連續作兩百多次的伸懶腰，也就相當於打了一套太極拳，如此說來，太極拳便沒有什麼神祕或莫測高深了！

1-4
氣

　　一般討論有關中國功夫的書誌和談論中國功夫的朋友，很自然的都會說到「氣」，尤其九零年代以來特異功能及各種氣功大行其道，不少著名大學的物理系、化學

系、生物系或電機系都聯合起來或單獨從事了解「氣」是什麼的研究工作。雖然有各種不同試驗說明「氣」的效應，也有不少報載的如遠近紅外線及電磁波等事實說是「氣」的成果，甚至於書誌上刊載著在三千公里以外發「氣功」可使距三千公里外一個直徑一吋的試管內的化學品起化合作用，但也沒有人確切以理論來解釋它，所以到如今「氣」還是神乎其神，而沒辦法以科學理論去解釋。

那麼要在太極拳領域中去談氣，豈不難乎其難？可是偏偏在太極拳中有不少有關氣的現象有待了解，諸如「運氣」、「練氣」、「養氣」、「氣沉丹田」、「氣沉入骨」、「氣遍周身」、「意氣相連」、「以氣運身」、「意領氣，氣領血」及「行氣如九曲珠」等，這其中的氣字將如何解釋尚不見於文載，但為能對太極拳有相當認知又不得不想辦法去發掘它們究竟是什麼，或者根本否定上列各種對氣的說法。

依普通常識而論，可以把所知的氣分為實質的氣和抽象的氣兩大類。實質的氣像空氣、氧氣等，或由各種氣體混合而成的混合氣，都可以用儀器測定它的各種特

性，可以看到它的顏色，可以聞到它的味道，可以製造它、控制它及利用它。然而翻開任何一本人體生理學的書，都找不出有任何臟器是由實質氣構成的，除了肺之外，也沒有任何部位是專為容納實質氣的，只有人在生理失常時，腹內才會有實質氣的存在，它對人造成相當不快的感受，總希望儘早除之而後快。這可說明太極拳中所論的氣應該不是實質氣。又因為人自外界吸的空氣只到肺部為止，更不能沉入丹田、沉入骨、運全身或遍周身。如果實質空氣和血在體內相遇，人將迅速死亡，而更不可能談氣領血，自然實質氣也不會催血和養血了！

道家內丹功裡對氣的解釋是「氣之成，由於命門火與精液涵煦覆育而成，稱之為水火既濟，或謂內丹，其所存之處為丹田」，其中「命門火」究為實質或抽象，尚待研究，因此，該論所提的氣是否為實質氣，而可充當太極拳中的氣，還需進一步求證。

根據中醫和針灸方面的說法，練氣或運氣中的氣是先天之氣和後天之氣相結合而運行於全身的氣。先天之氣包括原氣、精氣、腎氣或腎間動氣，便是受之於天母的原氣；後天之氣又稱宗氣，為吸入的天氣和水谷之氣，

水谷之氣泛指飲食營養之物，由是可見他們所指的氣是人體原有的內能和食入飲食所含的熱能，這食物進入腹內的各種變化和產生的功能一如第 1–2 節所討論的，此一說明可使人接受。

太極拳中所論的氣是否為抽象的氣呢？例如「好闊氣」、「好俗氣」中的氣幾乎是一個語句的虛字，因為「好闊」或「好俗」兩個字已夠表達意思了，它自然不是太極拳中的氣。再如「氣死人啦！」中的氣是一個動詞，也不應該是太極拳中的氣。又如「風氣不好」中的氣是應該和風字連在一起成為一個專門名詞，似乎也不是太極拳中所說的氣。這樣便又說明太極拳中所論的氣又不是抽象的氣了，至此似乎應對太極拳中氣的解釋絕望了！

讓我們把一顆石子丟到平靜的水塘裡，石子帶著相當的位能和動能落到水中時，便會把它的位能和動能傳給它遇到的水，使那局部的水獲得這種能量後，壓力升高 (Δp) 和有稍微的溫度上升 (Δt)，於是被石頭擊中的水便向四周流動，使原靜止的水有速度的變化 (Δv)，而且 Δp 和 Δv 成直線正比。當向四周流動可以明顯看到有圓形波紋，波紋面的後方水壓較高而水是流動的，波紋面

的前方，水在大氣壓力的低壓而水速為零，換句話說，水在波面上是壓力和流速變化的所在，波面所到之處都可使水改變壓力和速度。同樣道理一條船在靜止湖面航過時，也見有∧形波面，在那波面所到之處，也都能使水改變壓力和速度。

　　同理，人體一束一束的筋肉纖維和各種管道及各種細胞的內外也都充滿了體液，而且這些體液多具電解液的特性，當沿著纖維和流路的軸線方向逐漸依序的施壓時，其中的體液也會有像上述水的波動，在那逐漸向前移動的波面上也有體液的壓力和速度的提升。在這種流動的體液中神經細胞外的體液電解液自然也因而有壓力和速度的提升，在神經細胞沒有外加的壓力而在靜止狀態時，細胞膜外的電解液中有鈉離子 Na^+ 和鉀離子 K^+，細胞膜內部也有 Na^+ 和 K^+，膜內部 K^+ 的量大於 Na^+ 的量，而膜外 K^+ 的量大於 Na^+ 的量，而且 Na^+ 尚且受泵浦作用可恆量的留於膜外，因此細胞膜內表面可以維持為負電荷，同時細胞膜外表面維持為正電荷，如圖 1–5 左圖所示。

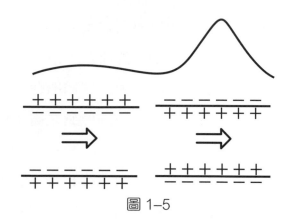

圖 1–5

一旦細胞膜外電解液受有外加壓力而壓力高到 Δp 時，膜外的電解液中鈉離子 Na^+ 及鉀離子 K^+ 湧入細胞膜內，於是細胞內造成一股衝擊如圖 1–5 箭頭所示。同時，膜內的 Na^+ 和 K^+ 也會少量的被擠到膜外去，總結果是膜內的 Na^+ 增加了，因而使細胞膜內表面反而成為正電荷，同時膜的外表皮為負電荷，如圖 1–5 右部所示。

由於膜內外的發電性質改變可造成膜內外有電位差及電衝產生，如圖 1–5 上部曲線所示，待 Na^+、K^+ 離子湧入細胞膜內的流體衝擊及外加壓力解除後，細胞膜內外的電荷又恢復到如圖 1–5 左部所示，可準備接受下次的 Na^+、K^+ 湧入。在細胞膜上所生電衝可經由神經細胞

中央而貫穿各細胞間的軸突傳到兩細胞間的蘭氏節，再逐步以每秒 100 公尺速度迅速的傳到腦中樞。腦中樞接受這項電衝信號，便可獲悉某處發生了外加壓力的刺激，即感應外界所給予人體刺激的所在。

　　根據上述的道理，當在作腹部呼吸時，吸氣對人體作漸序的自下向上的刺激及施壓時，人的腦中樞能即刻感應到被施壓的部位所在，也能隨外部施壓自下而上漸序的呼應，而在腦中樞感應到。同理當作腹部呼吸中的呼氣時，體液自上而下也有波面上的壓力變化，也有 Na^+、K^+ 離子的湧入細胞膜內，自然也有電衝的產生並傳導到腦中樞，即腦中樞也能漸序感應到波面及發生電衝的所在，這種感應歸因於腹部呼吸中吸和呼的作用。是不是我們可以說連續不斷的吸氣和呼氣為基因的手段？所導致的最後感應是腦中樞所判知電衝發生的所在地方？進而言之，腦中樞所感應到的相當於電衝發生在人體的部位，也未嘗不可以說人體發生電衝的部位好像就是呼氣或吸氣所到之處。例如電衝是發生在人的胯部便是不是可以說氣到了胯部？進而言之，當腹部呼吸一個循環，自下而上再自上而下的全身都先後發生電衝，

是不是可以說已經氣運全身或氣遍周身或以氣運身呢？當呼氣而含胸時，最顯著能感受到的脊椎骨中好像有什麼微物爬行其中，那是不是可解釋為氣沉入骨呢？不斷的日積月累，天天施行腹部呼吸是否也可解釋為是在運氣、練氣或養氣呢？

　　如認為這幾種答案都是肯定的，似乎可以大膽的解釋「太極拳所指的氣是由腦中樞所感受到呼吸所生的感應」。它是一種現象而不是實質的氣，也不是空虛的氣，這幾乎是人人都能感覺到的，例如急速腹部呼吸的「打噴嚏」，使人很容易自鼻孔急速噴氣時，感覺到有一股自上而下在人體筋肉中微微蠕動的現象。那蠕動未嘗不可解釋為是體液被迫所生壓力波波面的移動，也可以認定為氣自上而下在體內的運行。諸如此類，不唯可以依所認定氣的定義，去解釋有關太極拳術語中涉及到氣的各項事情，而且自己對氣一詞也不會再有所置疑，而能放心的去談氣而不致將自己無法認知的事去加諸於人。以上對氣的認知，只不過是個人多年來的體會所作的推論，當然不能堅持這項認知是絕對沒錯的。

1-5
形法功解

　　形法功解可以說是學太極拳的四個階段，其中的形是比手劃腳，依太極拳中規定動作所作出的各種姿勢。這是形於腹外的肢體動作而幾乎可以和腹內的一切無關，它不是太極拳的靈魂精華所在，但如果能將形和太極拳的精華（腹部呼吸）拉上良好合作的關係，未始不可輔助精華範圍，則效果將更為擴大。例如躺著或坐著作腹部呼吸很難使內臟有較佳的上下左右及前後的鼓盪，很難使製造半成品或成品化合物所需的功有較大的發揮，也很難使四肢獲得較充分的必需品的供應，然則有了腿臂的輔佐運動，更可使人在各種運動中，學習怎麼去探求人體的平衡和人體的虛實。俗語說「人老腳先衰」，那麼形便可增加鍛鍊腳力和腿力的機會，也能有延年益壽的功能，所以形還是必須的，但不能說學了太極拳的形，便認為已經會打太極拳了。

　　因為太極拳有很多不同的流派，各流派所規定的形尚有所不同，即使是在同一流派中，所規定的動作數目

多少或動作次序也有所差異，即是同一流派及同一動作的規定還有大架子和小架子的不同，也有高架子和低架子的相異，但他們見仁見智，難分高下。不過其中的「十三勢」卻可說是共同的。

「十三勢」中有八勢指打拳時面對的方向，即俗語四面八方中的八方，自人正面站立開始，每轉 45 度便是一個方向，所有八方中每方向的間隔角度是 45 度。在八卦中乾、坤、坎、離為四個正方向，巽、震、兌、艮為四個位於正方向間四個斜方向，太極拳中是用掤、攦、擠、按代表四個正方向而以採、挒、肘、靠代表四個斜方向。十三勢中，另外五勢為行動中面對的方向，即為前進、後退、左顧、右盼和中定。其中左顧及右盼是指腿腳不動情形下，將上身向左或向右扭轉 90 度的情況，又有將進、退、顧、盼分別以五行中的火、水、木、金代表，並以土代表其中的中定。以上列舉的以乾、坤、坎、離、巽、震、兌、艮分別代表八卦中的四個正方向和四個斜方向，以及用火、水、木、金分別代表進、退、顧、盼，自有其易學根據，似不宜有所置喙。唯按其中掤、攦、擠、按四種動作既非分別在四個不同正方進行，

而且係在同一個方向連續的四種動作，更何況在「正單鞭」一套動作中，有掤、攦、擠、按，而且在「斜單鞭」一套動作中，也有它們，所以不能不引人存疑。

另外，採、挒、肘、靠四項動作也不一定是在斜方向進行的，例如書載「採時宜己身中正，眼神下視」可證「採」的動作並不一定是在斜方向進行。查挒字本義為彈琵琶時的急速撥弦動作，在太極拳中有「分腳」中的腳尖挒，但作這動作時，人面仍在正方向，而僅出腳在斜方向而已。再如「肘底看捶」中的「陰肘」也是人在正方向進行，更如「擺手」中的「橫靠」是在人轉到正方向才靠的，如此看來，採、挒、肘、靠四項動作也不能肯定是在斜方向進行的。

綜上所述，可知將掤、攦、擠、按及採、挒、肘、靠能否合理分別代表四個正方向和四個斜方向，尚須請益於此中先進，始可確定。但不能否認作太極拳運動時，確應考慮及遵守四個正方向和四個斜方向的規範。

至於太極拳的形有哪些，以及如何能順序的作到所定的「形」？容於下章中作概要的介紹。討論如何作到良好的各種形，也有相當條例和方法，例如第 1–1 到 1–4

各節中所討論的，可以說都是「法」的領域，亦即若能求到良好的平衡，顯明的實虛，適時適度的鬆緊，以及均勻而順暢的運氣，才能有較佳的形。除此之外，本章以後各節所討論的也都歸屬於「法」的範圍，沒有法的確認似乎便難作到理想的形，可見太極拳的法是為源本，而形為依法所作的結果。在修鍊太極拳時及評價太極拳程度層次中，法遠較形為重要得多，換句話說，須先澈底了解太極拳中的法，才能企求將來有較高層次的太極拳修鍊。

　　如何獲知太極拳中的法？第一，可以從閱讀有關太極拳的書誌得來。一般而論，那些都是原則的教條。雖然也是前人經驗歸納的精粹，但若真的實行起來，還有很大的困難，這好比不是僅知道水調麵粉再把它作成條狀，便能丟到油鍋裡炸成油條一樣的簡單，其中有不少奧妙，必須仔細一步步求解，才能達到預期的結果。這說明書誌中沒能將法的奧妙依序清楚的交待。第二種方法求諸於教拳教師的循循善誘，可是在條件和時間的限制下，充其量僅知其然，而較少講解所以然，或則受教者對法和形之間孰者為重，尚不甚了了，因此而興趣缺

缺，教師或因而不便加以勉強，甚而至於因教師本人對於受教者對法的探討索然無味而自己也疏於法的傳授，於是為徒者只好靠「悟」而知「法」，這是推廣太極拳的最大障礙。

較為聰明的學拳人可以從書誌所載或教師講解能有相當的悟知，但他不一定能作到悟知的最高境界，在實行時候所發生不如理想的情形也許自己可以發覺，也許要別人指點才能曉得。如何改正這些不理想情形，也要自己悟知或求教於他人的指導，這都需要一段不短的時間去磨鍊。這種磨鍊便是太極拳中所謂之「功」，於是可知除形和法之外，還需由恆心耐心日積月累操練的「功」才有希望能獲致太極拳較佳的品質層次，才可從太極拳中吸取到較多益處而有較好的健康！但切不可以專家自居。

如果修習太極拳的目的僅在於強身，那麼能貫澈形法功三階段便可達到目的。若是目的不僅在強身，而還要有防身本領的話，則可以進行第四階段的「解」。顧名思義，解是化解外人對自己攻擊的動作，而不是攻擊性硬碰硬將外人擊退打垮。化解是消極性的，在於怎麼閃

躲從外加諸於己的威脅，其中主要的要訣又是一個鬆字。若能作到很多鬆的功夫，身體便會很柔和，神經系統便會很靈敏，機警性便會提高。

如果和外人皮肉相接便會很確實感受到外人體內的虛和實，於是才能精確判斷如何乘外人之虛而入，也能正確的度外人的實而避之，進而趁外人的慣性仍大，而少許失去平衡時，稍為順其施力方向予以吹灰之力，可以使外人失去平衡而傾倒。這便是常人所謂太極拳能「四兩撥千斤」的來由。並不是以四兩的力能硬碰硬的抵禦千斤的外力，如果沒有四兩撥千斤的能耐，沒有良好鬆的本領，也不能澈底分辨虛實，最好以不要和外人較量為上策！此即昔日拳術教師再三告誡徒眾戒之與外人爭鬥的道理！這是說解的階段可以去學，在一般太極拳書中都講得相當詳細，但希望以少用為是。

1-6
定足移步

　　定足移步是兩隻腳都著地，其中一隻是在全實狀態，另一隻則在全虛狀態。在兩腳不動條件情形下，將人體重心自全實狀態一腳的正上方，移到全虛狀態一腳的正上方。在未移步前，兩隻腳放置的情形為標準位置 ， 即兩隻腳在身體兩旁的左右 ， 間距約為人的肩寬。 如果有前後間隔，它的間距也是為人的肩寬，如圖 1–6 所示的 x 及 y 都為人肩的寬度。

圖 1–6

　　這圖表示要從沒塗色的位置移步到塗色的位置。在移步的前後兩腳都是著地的，不過沒移步前左腳擔負人體全部重量，而且人的重心作用線正在左腳底面積之內，是全身在穩定狀態，此即太極拳術語中的「根在腳」——根在全實的腳，這時右腳僅僅平放到地面並不擔負體重。從圖 1–6 看事實上移步是沿著以 x 及 y 而成的正方形對角線的方向，可如圖 1–7 中箭頭所指，是自一腳中央

45

c_1 先後經兩腳邊緣而移向另一腳的中央 c_2。為符合太極拳術語中的「不得有起伏」，在移步時，便須使人體重心距地面高度維持不變，為了達到這項原則，移步前後雙腿都得有相當的彎曲，而不得直伸，如圖 1–6 所示。

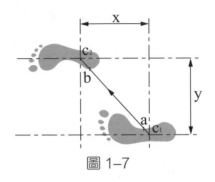

圖 1–7

移步開始，先由腦神經發號施令，命令處於全實腳的下方筋肉收縮，使它施力於地面，這便是太極拳術語中的「開」，設這力能為地面全部反應給於人腿，使人受到加於地面的反應力，這反應力中垂直於地面的分力 F_r 是向上的，而人體重量 G 是向下的，如圖 1–8 所示。如此，人體作用於地面的淨力，因 F_r 而抵消一部分轉而變小，這時也已開始了腹部呼吸中的吸氣、收住閭尾及收腹等，待人體重心恰巧到一腳邊緣 a 的正上方時，則 F_r 至少必須等於 G。如此之後，人體繼續被推動向 b 及 c_2

進行時，可以沒有了如圖 1–3 所示的力矩 Ga，則人體便沒傾倒的顧慮而能平穩的移步，而且這期間仍可保持右前腳為全虛狀態，腹部呼吸中的吸氣仍在持續進行之中。

　　當人體重心被推進到恰巧在另隻腳的邊緣 b 點正上方時，便可以施行腹部呼吸中的呼氣而終止吸氣，於是因身體筋肉放鬆而可致 F_r 逐漸減小 ， 使人體重量 G 作用於地面的淨力逐漸增加，因為這時人身重心作用線已在右前腳的底面，所以人身在平衡穩定下，逐漸朝向全實狀態進行，希望人身重心被移到恰在 c_2 正上方時全身鬆透，前右腳完全轉為全實，後左腳轉為全虛。這時腹

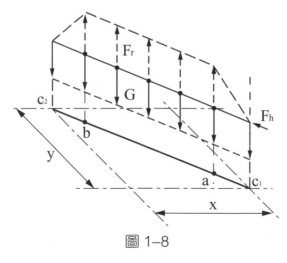

圖 1–8

部呼吸中的呼也正好終結，這便是太極拳術語中的
「合」，也便是下次的吸氣又可以開始，便是移步完成。

　　為能推動人體向前移步，必須有一個較小的水平力
F_h 作用於人體重心，如圖 1-8 所示，這 F_h 是人作用於
地面力 F_h' 的反應力，設 F_h 距地面的高度為 l，則與它
相對的扭矩 $F_h \cdot l$ 也能影響人體的穩定性。為降低這項不
穩因素起見，可使 F_r 略為加大 ΔF_r，由此 ΔF_r 所生的反
扭矩 $\Delta F_r \cdot l'$ 去平衡 $F_h \cdot l$，如是可使自 a 點平穩的位置將
人體逐漸推向 c_2 而移步。如果不提升 ΔF_r，則前腳便會
自 a 點起逐漸感覺到有施力於地的情形，這是由 $F_h \cdot l$ 而
來，事實上 F_h 遠較 F_r 小得多，因此 $F_h \cdot l$ 的影響微乎其
微！

　　為了檢查移步後兩腳是否分別為全實及全虛，可以
將應該全虛的腳抬起離開地面，如果在抬起時身體發生
晃動不穩現象，這表示該全虛的腳尚未全虛，同時該全
實的腳也沒全實，也許人體重心尚未在 b 及 c_2 的正上
方。相反的，如果抬起該全虛的腳，而對人體平衡毫無
影響，便證明移步作得已相當合乎標準，但不能說已到
最好！

　　綜上可知，移步前施力於地的動作，即為太極拳術語中的「發於腿」，是發於全實的一隻腳的腿，自此腳腿肌肉自下而上漸次轉為緊張，該肢體中部分體液也逐漸被擠上升，而後緊接著收縮兩胯及收住閭尾等，以迄達到前述腹部呼吸中所論各項，待完成移步時，兩手應該產生下脹或上麻的現象，即前述的形於手。總之，在移步期間，應將腹部呼吸列為首要，要弄清楚吸和呼的始終時間。

　　以上討論的是人體向右前方移步的情形。同理可知要改為人體向左前方移步時，也是依相同的道理，只是未移步前，右後腳為全實，左前腳為全虛而已。同理，如果不是向前移步而是後退移步時，所應遵守的原則及移步的方法應該和上述向前移步沒有什麼兩樣。

　　圖1–9所示也是定足移步的一種。圖示是自左方移步到右方。未移步前，兩腿不僅在正面看來有相當的彎曲，而且從側面看也有類似圖1–6中的向前彎曲，如是者當在水平方向移步中被推動向右移步或向左移步

圖1–9

時，都能維持「不得有起伏」的情形。在這種橫向移步中，腹部呼吸仍然居於首要，什麼時候開始及終止吸氣或呼氣都和前述的移步向前和移步後退完全相同。

參考圖 1–9，如果將向右橫向移步改為向左橫向移步時，所當注意及施行的各項步驟都和移步向前沒有什麼不同。

以上討論的定足移步並沒有提及臂膀的運動，如果在定足移步中加上臂膀的運動，只是添加了一項在施行移步期間的平衡控制問題。因為臂膀運動足以影響人體的重心位置變化，影響到人體穩定平衡，由於在穩定平衡中，才能施行較為理想的腹部呼吸，所以如何使臂膀運動適應且配合腹部呼吸，是這情形下的主題，這是需要經過相當的體會悟性和相當時間實際操作才能解決的，但並不是一件很難解決的問題，在這情形下腹部呼吸依然應該列為首要。

下面介紹幾種常見具有臂膀運動的定足移步：

掤

　　圖 1–10 塗色部分即為掤後的情形。未掤前如沒塗色部分所示，左後腳為全實，而右前腳為全虛，左臂下垂於身之左側，左肱略微向上翹起，左手掌向下，右臂及右肱下垂於身的右側。進行右前方定足移步時除有上述定足移步的各項呼吸及動作外，右臂及右肱隨移步而逐漸向上抬舉，同時左臂及左肱除隨身體向前移動外，左肱及左手更逐漸向胸前移動，待定足移步的動作完成時，右肱已近似水平的橫置於胸前，右手掌心向內，

圖 1–10

此時左手也已移到胸前而掌心向外，兩掌心前後相對，狀似抱持一個較足球略小的球狀物。

　　在作這項掤的動作時，除認定前述定足移步的各項要點外，應該極力避免臂膀和身體間發生不必要的相對運動，即可簡化穩定平衡的控制。

摟

　　圖 1–11 為摟動作情形。它是「掤」
的後續動作。即未摟前，身體狀態便是
掤後的身體情況。 這是自右前方移步到
左後方的移步，加上臂膀運動。起初是
將身體沿時鐘方向轉身 45 度，在這轉身
期間，兩臂膀除隨身體轉動外，原前後
兩手掌夾持的想像物逐漸轉變為右手在
上左手在下的夾持，如圖中虛線繪示。
作這些動作時，兩腳沒有任何移動，也
不作腹部呼吸而施行正常的小呼吸 ， 待
轉身完成及前後兩手掌變為上下兩手掌

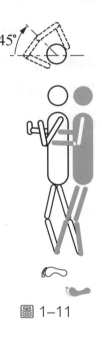

圖 1–11

的夾持著想像球時，才用右前腳施力於地而沿 45 度斜方
向真正的開始移步及施行腹部呼吸。當然移步時，也要
遵循上述的各項要點，而且盡量不發生臂膀和身體間的
相對運動，以簡化及容易控制移步期間的穩定平衡。摟
後面又恢復正常而不斜向。

擠

圖 1–12 為擠前擠後的情形。它是攦的後
續動作，自左後方向前移步到右前方的定足
移步，移步起始須開始行腹部呼吸，移步期
間原為上下相對的兩手掌逐漸分別向左右分
開，而隨身體前進，待移步完成時，腹部呼
吸完了，兩臂膀已成互為平行的分別在身體
兩側，臂和肱也作近似相同的彎曲，兩掌心
也同時為向外，作這項動作時，自然也遵循
前述的定足移步要點，更須極力避免或減少
臂膀和身體的相對運動。

圖 1–12

按

圖 1–13 為按前按後的情形，動作前即為腹部呼吸
的起始。它是擠的後續動作。左圖為自擠的位置向後移
步情形，即為按的準備動作，向後移步時，兩手掌仍維
持向前狀態，兩肱對地面的相對運動較低於兩臂對地面
的相對運動，因此在向後移步時，相形下兩臂膀有相當
的向身外伸出。右圖則為按動作的本體，此時兩肱對地

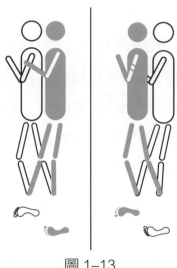

圖 1–13

面相對運動仍低於兩臂對地面者，因而相形下，肱和臂
有相當摺合現象。待按後兩肱距身體的距離較擠時為小。
兩手掌仍然向外，兩臂膀仍保持分別在身體左右側，當
然按時首當注意的是這時的腹部呼吸，也要作到時時穩
定平衡。

　以上討論的連續動作掤、攦、擠、按在一套太極拳
會出現七次之多，五次在「正單鞭」及兩次在「斜單鞭」
之中。

　因為定足移步動作在太極拳中占相當大分量，因此
不厭其煩的將其要訣再次歸納如下：

1. 移步始於全實腳的腳底向地面施力。

2. 在「發於腿」的同時，即可從事腹部呼吸中的吸氣。

3. 待身體被推動到人體重心恰在全實腳邊緣正上方時，施予地面力的垂直分力 F_r 至少應等於人體重量 G。

4. 推動身體移步的力只是施予地面力的恆等水平分力，其他並無任何助力。

5. 待身體被推動到人體重心恰在全虛腳邊緣正上方時，可為腹部呼吸的吸氣終點，也是呼氣的起始點，自此可降低 F_r 而從事放鬆動作。

6. 放鬆時原全虛的一腳所有腳趾應完全鬆散平鋪在平面上，不得有用力抓向地面的動作，這樣才能使膝部對體液的流通沒有阻礙，才不會感到膝蓋疼痛。

7. 加諸於臂膀的力只是支持它的重量，而沒使它肌肉變緊的成分。

8. 檢查原為全實的一腳是否已轉為全虛，可試將該要全虛的腳稍微抬舉離地，身體穩定平衡毫無影響，是為合格。

1-7
舉足移步

舉足移步很類似於定足移步,只是沒作移步之前必先將一隻腳舉起移動,如圖 1–14 所示 , 未塗色部分為未作是項動作前的情況。左前腳為全實,右後腳為全虛,作舉足移步的第一步是將右後腳舉起並向前移動到左前腳的右前方平鋪於地,如圖中箭頭所示 。 在作這步動作時 , 不需要施行腹部呼吸,這時兩腳成為定足移步的相同地位,自此可從左腳施力於地而開始前進移步動作,

圖 1–14

直到移步完成,如圖中塗色情況。這移步期間的一切都和前述的定足移步完全相同。

同樣的道理,若是作後退移步,則可將如圖 1–14 所示的右前腳沿圖示箭頭相反方向後挪到圖中虛線位置,而後可起始作相同於定足移步中後退移步的各種動作,當然也遵守定足移步的各項要訣。

圖 1–15 所示也是舉足移步前進的情形,和圖 1–14

的差別是，舉足前挪的是左腳，而不是如圖 1–14 前挪
的右腳。

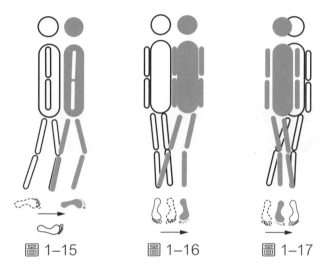

圖 1–15　　　　　圖 1–16　　　　　圖 1–17

　　圖 1–16 及圖 1–17 為舉足移步中作橫向移步的兩
種情形。參考圖 1–16，在未進行動作前人的右腳為全
實，當然左腳為全虛，左右兩腳橫向相距約為人的半肩
寬度，先將左腳抬起，向左挪半肩寬度，而後平鋪放在
地面上，並在全虛狀態，在此期間，因為身體並未轉變
重心，故不需行腹部呼吸。自此開始以右腳施力於地面，
並開始腹部呼吸中的吸氣。人體逐漸向左腳移動，直到
人體重心到達原為全虛的左腳邊緣上方，停止腹部呼吸

中的吸氣，即刻開始腹部呼吸中的呼氣，直到人體重心到達左腳中央上方，全身鬆透，舉足移步的動作即告完成。因為挪動的一腳方向是向左，而移步的方向也是向左，兩者方向相同，所以這種舉足移步又稱之為同向舉足移步。

參考圖 1–17 所示，未動作之前，恰如圖 1–16 所示移步後的情況，即左腳為全實而右腳為全虛，在作這項移步前，先將右腳向左腳挪移人體半肩寬度，再使之平鋪放於地面，為全虛狀態。這項挪腳期間，自不需腹部呼吸，自此發於左腳的腿施力於地並開始腹部呼吸的吸，將身體逐漸向右推動，直到人體重心已到達原為全虛右腳的正上方，停止吸氣，並開始腹部呼吸中的呼氣，直到人體重心已到達右腳的中央，始使呼氣終止，而達全身鬆透，此時這種舉足移步即告完成。因為挪動右腳的方向是向左腳，而移步時的方向是向右腳，兩者方向相反，所以這又稱為反向舉足移步。

以上所討論的前進和後退的舉足移步及同向和反向舉足移步，都沒說到臂膀的運動在內，如果它們包括有臂膀的動作在內，其重點仍是腹部呼吸，只是多了一項

因臂膀運動而生的身體穩定平衡的控制問題而已。茲以下列數例作為說明。

摟膝拗步

參考圖 1–18 所示為右摟膝拗步情形。在沒作摟膝拗步前左腳在前方為全實，右腳在後方為全虛。作此動作之前先將右腳及右腿上舉並向前挪，待約挪到身體側旁稍前方時，使右臂及右肱下垂到右膝的內側，並經右膝上方繞過到右膝的外側，如圖左虛線所繪情形。而後將右腳繼續向前方挪動，到距左腳右前方將右腳平鋪

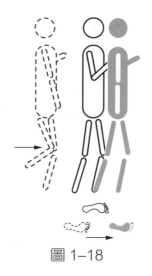

圖 1–18

著地，並維持全虛，在這最初階段不需要有腹部呼吸，左臂落下和左肱向上和左臂相折疊使手掌向前，自此發於左腿並開始腹部呼吸，執行上述的定足移步，至此可見動作的主體仍然是定足移步，主要關鍵仍然是腹部呼吸。

依同理，在未作這項動作前，右腳為全實，左腳為

全虛。所挪動的腳為左腳，並將左手自左膝上方向外側
繞過，則最終移步至全實的是左腳，這叫作左摟膝拗步。
其動作主體及主要關鍵和右摟膝拗步相同。

倒攆猴

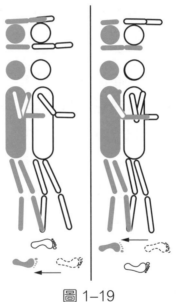

圖 1–19

圖 1–19 所示為兩種倒攆猴動作情形。 左圖所示動
作前左腳在後為全實，右腳在前為全虛，右臂下垂而右
肱近於水平位置，手掌向下。左臂下垂而左肱和左臂相

折疊在身體的左側，左手五指尖合攏成鉤手式。動作初步階段將右前腳舉起向後挪動，待挪到左腳右後方約為一肩寬度時，將右腳平鋪著於地，成全虛狀態，在此階段亦不需腹部呼吸，自此起發自於左腳向後蹬於地面作定足移步動作。

　　在此移步期間，左臂及左肱逐漸下落，並逐漸移向身前，漸漸將五指放開而逐漸使掌心向下，同時右臂隨身體後移而右肱對地面沒相對運動，如是者右臂和右肱將近於一直線水平狀態，右手掌逐漸翻轉向上而在左手掌之下方，於是會發生左右手手掌相對而有近似於在胸前相搓的情形。待移步完成，右手五指合攏成鉤手式，隨右肱和右臂的折疊而置於身體右側，而左肱在約為水平位置，掌心向下，左臂下垂而置於身體左側。縱觀這項動作的主體及關鍵所在，仍分別為定足移步和腹部呼吸。

　　圖1-19右圖所示也是倒攆猴動作，只不過挪動的是左腳而為右倒攆猴而已，其主體及關鍵同於左倒攆猴。

擺　手

參考圖 1-20，未擺手前左右兩腳相距約為半肩寬度，原為左腳全實及右腳全虛。左肱向上和左臂折疊置於身體左側，左掌心向內。右肱和右臂伸長直垂落於身體右側。擺手開始將右腳向右橫移半肩寬度，再使左腳向地面施力，將身體向右移步到右腳為全實及左腳為全虛為止，如該塗色部分及未塗色者分別所示。移步期間，左臂和左肱向左展開劃弧運動逐漸下落，在此同時，右肱逐

圖 1-20

漸向上舉揚，並沿時鐘方向連同右臂在身前作劃弧運動，兩者的劃弧運動方向相反而且交相升降，移步完了左臂和左肱伸長垂落於身體左側，右肱和下垂的右臂向上折疊置於身體右側，掌心向內。如圖塗色部分所示。移步期間身體也隨之向右轉動，雙目並隨右手向右轉動，此之謂右擺手。然後將在全虛狀態的左腳向左移動半肩寬度，如圖箭頭及虛線腳印所示，乃為準備左擺手而作的預備動作。

參考圖 1–21 所示，是為左擺手情況，動作前即為右擺手動作後的情況，而且已將左腳向左移半肩寬度，即如圖中塗色及虛線所繪兩腳印位置。自此使右腳向地面施力並施行腹部呼吸，將身體向左腳移步到左腳為全實及右腳為全虛為止。在此期間，右臂和右肱逐漸伸長向右劃弧運動而逐漸垂落於身體右側。同時，左肱連同左臂逐漸自身體左側上舉，沿反時鐘方向作

圖 1–21

劃弧運動，移步完成後，兩臂膀狀態如圖中塗色部分所示，這項動作稱之為左擺手。左擺手後將右腳左移半肩寬度，如圖中虛線腳印所示，以備作依次的右擺手預備工作，左右兩擺手合稱為一套擺手。

1-8
轉　身

轉身的目的是改變打拳人面對方向的一種動作，轉身須遵守的要訣是轉身的轉軸一定要垂直於地面，否則，

轉身時身體會發生搖擺而不在穩定平衡狀態，腹部呼吸便很難作到完善，這個轉軸應該是人身重力作用線，也就是通過人身重心和腳與地接觸點的連線，由於轉身時應使轉動的阻力較小起見，多不用腳跟為轉軸的下端，而是以腳掌為準來轉動身體，所以上述轉軸是腳掌的靠內部分和人體重心的連線。轉身時，應極力使轉動速度較低，方可減少轉動動能所可能造成的不穩現象。

轉身的情形很多，因而轉身的方式和方法也各有不同，現在仍然依幾種在太極拳中常見的例子加以說明：

定步轉身

這是兩腳不作移步而成的轉身動作，這種轉身是靠扭動腰部達到上半身轉身的動作，即太極拳術語中的「主宰於腰」。作這種動作時，不需要腹部呼吸，是最簡單的轉身，如前述的擺（圖 1–11 所示）就是其中的一例。

轉足轉身

圖 1–22 所示為自面向打拳人右方轉身到面向正前方的轉身動作。 所用的方法是同時沿反時鐘方向轉 90

度，身體便會隨之轉 90 度，身體臂膀可以沒有任何動
作，當然也可以有臂膀的運動參與其中。這種轉身也是
不需要腹部呼吸的。

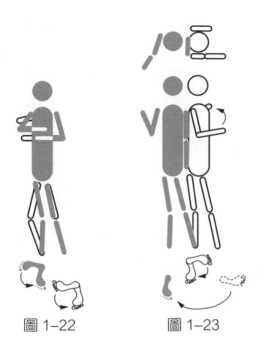

圖 1-22　　　　　圖 1-23

一步轉身

圖 1-23 所示未塗色部位為前述倒攆猴的終結情
形。面向圖中的右方（實際為打拳人的左側方向），左腳
為全實及右腳為全虛，在轉身前將右腳舉起沿時鐘方向

擺動 90 度左右，再平鋪著地，仍為全虛狀態，然後發於左腳施力於地，同時進行腹部呼吸，推轉身體沿時鐘方向轉身 90 度，待右前腳為全實及左後腳為全虛時，始為轉身完成。總計挪動一次腳及一次定足移步，始完成轉身全部過程，故稱之為一步轉身。

兩步轉身

兩步轉身是指所需要的轉身必須經過兩次移步才能達成的。圖 1-24 所示為經過兩次移步才能轉身 135 度的方法。左圖為未移步前左腳為全實及右腳為全虛，左臂下垂且左肱折疊向上，在身體左側方，右臂下垂右肱亦下垂，在身體右側方。自此上部肢體可沒有動作而僅發於左腳施力於地，蹬推身體向右後

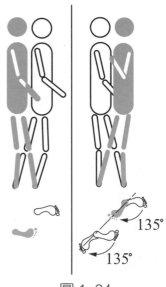

圖 1-24

方移步，在移步期間，自需施行腹部呼吸。待右後腳變為全實及左前腳變為全虛，是為第一次移步完成，但身

體尚未扭轉，自此以右腳和人身重心所成的轉軸為準，扭轉身體，同時左腳亦沿時鐘方向以左腳腳心為準扭轉，待左腳及人身體都沿時鐘方向扭轉約 135 度時，即停止扭轉。在此扭轉期間，上部肢體仍維持和身體的相對位置，也不需要施行腹部呼吸，而後發於右腳施力於地，同時施行腹部呼吸。將身體向左腳方向移步，待到左腳變為全實及右腳變為全虛時，是為第二次移步完成。此時身體已經兩次移步轉身 135 度。

　　圖 1–25 為另外一種較為複雜的兩步轉身運動，未作這項運動前，右腳為全實及左腳為全虛，左臂和左肱為微微向上向前折彎形狀，在身體左側，右臂和右肱成下垂，而在身體的右側，如圖 1–25 左圖未塗色部分所示。動作的第一步為以右腳掌和人體重心所成的直立轉軸為準，將身體順時鐘方向旋轉 180 度，如圖 1–25 左圖的塗色部分所示。此時左

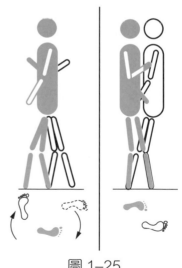

圖 1–25

腳可以轉動 270 度，能以腳尖著地。自此藉助左腳尖施
力於地的關係，可繼續將身體旋轉，而後再以右腳施力
於地，並開始腹部呼吸，可將身體重心向左腳推動移步，
直到左腳變全實及右腳變全虛，始停止腹部呼吸。此時
人體已經兩步而轉身 360 度 ，最終情況如圖 1-25 右圖
塗色部分所示。

　　在這種動作中，身體旋轉可用兩種方法：一種是借
重左腳沿時鐘方向的擺動扭力，但必須同時急速收縮腹
部，使腹內各臟器急速上提以產生向上的內部動態力，
這動態力可減少人體向下的重力，可降低身體旋轉的阻
力，最好將右腳跟離地而使腳和地面的接觸面積減少，
如此有利於身體的旋轉，在此期間，可不施行腹部呼吸。

　　另外一種旋轉身體的方法是先以左腳尖對地斜向施
力，同時右腳掌在地上扭轉，即可給予身體相當的扭矩
和扭力而使身體向右旋轉，右腳會好像有螺絲被扭旋入
地的感覺，身體比較穩定，大約可使身體旋轉 90 度以
上。此時趁身體旋轉而將左腿和左腳隨身體旋轉，使左
腿左腳有相當的慣性，因此可依靠此慣性使身體再連續
旋轉 90 度左右，至此身體已旋轉 180 度左右，如圖 1-25

左圖所示。然後將左腿繼續擺動，可使左腳擺動到右腳的右前方而以腳尖著地，再藉助於左腳尖的向地施力而能將身體繼續旋轉，可以達到總旋轉為 360 度左右。最後發於仍在全實狀態的右腳，並施行腹部呼吸將身體推向左腳，待左腳變為全實及右腳變為全虛時，即完成經過兩次移步而將身體轉動 360 度。如圖 1–25 右圖所示。

三步轉身

　　圖 1–26 最左圖未塗色部分即圖 1–13 作完按的情形，也就是一種三步轉身動作的開始。此時右腳為全實及左腳為全虛，兩臂和兩肱成折疊狀態，分別在身體左右兩側，手掌都向前。自此第一步為發於右腳，並開始腹部呼吸，將身體向後作定足移步，移步時，兩肱對地面沒有相對運動，但兩臂隨身體後移。待移位後，左腳變為全實及右腳變為全虛時，為第一步完成。相形下，兩臂和兩肱幾乎成水平直線狀態，如最左圖塗色部分所示。

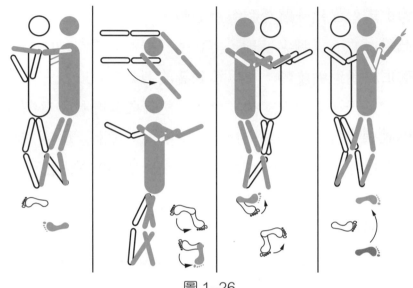

圖 1-26

　　自此在不需腹部呼吸條件下，以左腳為準沿反時鐘方向旋轉身體，使兩臂及兩肱都和身體沒有相對運動，如自左起第二圖所示。現已將身體旋轉約 135 度左右，使左腳施力於地，並開始第二次腹部呼吸，將身體向右腳推動，同時雙腳都在原地作轉動，如左起第三圖所示。待右腳變為全實及左腳變為全虛時，為第二步完成。

　　最後將左腳挪到右腳的左前方，可以使右腳施力於地並開始第三次腹部呼吸，將身體向左腳移步，在移步完結時，右臂和右肱逐漸折疊，而且將右手五指合攏成

鈎手式，置於身體右側上方，左臂向前橫放而左肱略微上翹，左手掌向前，如最右圖所示情況。如是者經過三次定足移步，可將身體轉動 360 度，即為三步轉身。

單腿轉身

圖 1-27 未塗色部分為右腳全實面向圖中正右方，左腿及腳向身體左前方伸出，左臂及左肱成一直線與左腿在同一豎立平面上，右臂和右肱亦成一直線在和左臂及左肱成平行分列狀態，這叫作太極拳動作中的「左分腳」。這時全部身體重量由右腿支持，自此要將身體轉動 90 度，使面向圖面的後方，轉身期間兩臂膀同時向上舉，這叫作單腿轉身。轉身後再使向上舉的兩臂膀

圖 1-27

下落如圖 1-27 中塗色部分所示。左腿也向身體的左前方伸出，這種動作在太極拳中叫作轉身蹬腳。

做這種動作時，先將在直伸狀態的左腿彎曲向後，

並稍微向身體側方收縮，由於這種收縮動作會產生一種
使身體旋轉的扭矩和扭力，所以當作上述收縮左腳時，
身體便會沿反時鐘方向作旋轉，在收縮左腿時，最初是
使大腿和小腿相互折彎，而後若將大腿向上稍作抬舉，
便會使人體作用於地面的重力減輕，也會使右腳腳跟稍
微抬離地面，使腳和地面的接觸面減小，降低身體旋轉
時候的阻力。若抬舉大腿時，有相當的側向扭力，更有
助於身體的旋轉，待身體旋轉約 90 度時，將左腳向左前
方伸出，這種向外伸出的動作可造成另一種使身體旋轉
的助力。在將左腿向後收縮開始，即可施行腹部呼吸，
有助於左腿的後縮及腹內臟器的上升。右腳暫失全實，
但仍在實的狀態，也有利於減輕身體作用於地面之力且
減少身體轉動的阻力。待轉身完成，右腳又變為全實。
此時兩臂膀和身體在一和正面成 45 度的斜面上，如圖中
塗色部分所示。

第二章

楊式長拳

2-1
太極拳的動作

一套太極拳中所包含的動作數目，各種動作先後排列的次序，以及每種動作的作法都沒有一定的標準，甚至於同一動作而具有不同的名稱。以往都是老師怎麼教，學徒便唯命是從的跟著怎麼學，老師所說的話都奉為金科玉律而不敢稍存懷疑。由於教者中有各種不同的流派，所以教出來的徒弟也有不少的流派，當這些徒弟也慢慢變為老師去教下一代的學徒時，也許他們之中有領悟的不同和某種偏好關係而願意將學來的動作有所改變，或者將各動作的先後排列有所更動，或者在動作的打法上有獨出心裁的地方而和他原先所學的不太一樣。由是可知太極拳也有許多不同的種類，至今還沒有一定的規律可循。幸好如在第一章所述太極拳的精華並不在於各種動作的「形」，所以對於形也不必過於刻意強求，於是本章所敘述的動作便是諸多流派中的一種而已。

如果國家的體育政策，有朝一日能將太極拳納入國民體育中的一環，則不妨邀請有關的專業人士共商如何

將其標準化，探討各種動作的來由，研究各種動作對人
體器官的影響，也許將來的科學家能對「氣」有確切的
認知，而對太極拳可能有不少的改進。這些我們都期望
人體工程專家、醫藥生理專家、化學和物理學專家等的
努力了。

2-2
起　勢

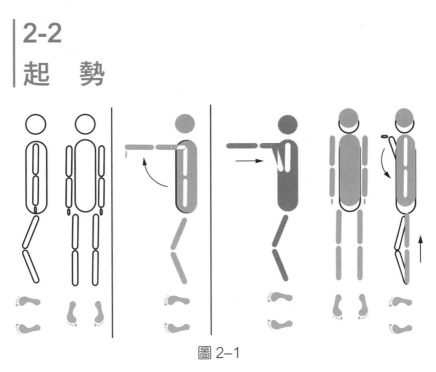

圖 2-1

起勢是太極拳的起始動作，如圖 2-1 自左至右的各

種運動。在起始動作之前，身體為直立，兩腳左右平行落於地面，兩腳的橫向距離約為肩寬，兩臂膀自由下垂，分別置於身體的兩旁，掌心可向下，也可向腿而貼於腿旁，眼簾稍許下垂，腦部及頭皮都放鬆，雙目向正前方平視，嘴成閉合狀態，將腦際一切思慮完全拋棄，如此可使全身鬆弛。

先施行腹部呼吸中的吸，而後在呼氣期間，令兩腿同時作少許的彎曲，則可在呼氣完了時，使兩腳都在全實狀態，如圖 2-1 最左圖所示。

第二步從事腹部呼吸中的吸，同時將左右兩臂膀向上作圓弧形而舉起，所用於臂膀的力僅夠支撐臂膀重量而已，直到臂和肩平為止，自此開始腹部呼吸中的呼，而到兩腳為全實為止，如圖 2-1 自左向右第二圖所示。

自此不需腹部呼吸，而在自然呼吸情況下，將左右兩肱分別和上臂折彎，即將兩肱向身體回縮，直到兩臂都分別為豎立並兩肱和兩臂摺合為止，如圖 2-1 自左向右第三圖所示。

最後一步為施行腹部呼吸中的吸，將彎曲的兩腿逐漸伸直，同時兩肱分別依左右肘節為樞轉點，作圓弧形

的運動，兩掌心都是向下，待腹部呼吸的吸到了至高點時，即施行呼，待兩肱和臂約成直線下垂狀態時，即所作呼氣完結之時，這時兩腳都為全實，如圖 2–1 最右圖中自未塗色到塗色的圖面所示。至此起勢動作完成。

2-3
左右攬雀尾

參考圖 2–1 的最右圖和圖 2–2 最左圖，可見身體已向右扭轉 90 度，右臂上舉且右肱橫置於身體右前方，左臂向前作少許擺動，左肱和左臂有相當的折彎，右掌心向內而左掌心向下，右腳向右移動約肩寬，在做以上運動時，須施行腹部呼吸，而使原為全實的雙腳改換為左腳全實，而右腳全虛，這個動作叫作右攬雀尾的初步動作。而後以左腳施力於地，並施行腹部呼吸，推動身體向右腳方向移步，待右腳為全實且左腳為全虛時，正是腹部呼吸完成，也是右攬雀尾動作完成，如圖 2–2 左起第二圖所示。

自此在不需施行腹部呼吸情況下，將兩腳沿反時鐘

方向扭轉 90 度，在上肢不變動情形下，身體也隨之扭轉
90 度，此時始終維持右腳全實且左腳全虛，如圖 2–2 左
起第三圖所示。而後使右腳向地面施力，並施行腹部呼
吸，推動身體向左腳移步，待腹部呼吸完成，而致左腳
全實且右腳全虛，是為左攬雀尾動作完成，如圖 2–2 最
右圖所示。

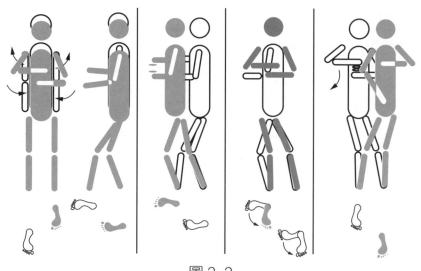

圖 2–2

2-4
掤攦擠按及單鞭

　　自圖 2-2 右圖情形使左腳施力於地，並施行腹部呼吸，一方面將身體向右轉動（如前述轉足轉身），另一方面將身體前移到右腳，直到身體轉動 90 度及右腳為全實且左腳為全虛為止。在此動作期間，右臂隨身體轉動而同時右肱漸到胸前橫置，右掌心向內，而左掌置於右掌

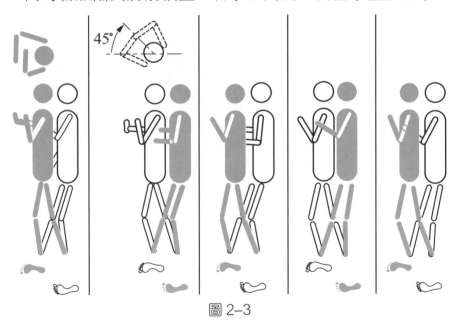

圖 2-3

的內側，兩掌心相對而保持約三寸距離，如圖 2–3 最左
圖所示，此之謂「掤」。圖 2–3 自左至右的各圖相當於
第一章中自圖 1–10 到圖 1–13，分別表示掤擺擠按四項
連續動作，其作法和作時的要領已詳於第一章第 1–6 節
定足移步的敘述中。

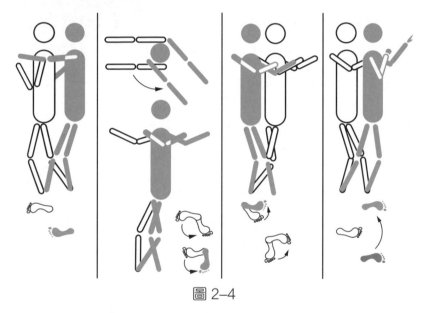

圖 2–4

圖 2–4 所示為在第一章第 1–8 節的三步轉身，以及
在圖 1–26 所示的動作各程序圖，其中動作在太極拳中
稱之為「單鞭」。

常有人把掤擺擠按和單鞭總合起來稱作「單鞭」，也

有人稱它為「進步攬雀尾」，至今並未統一稱呼，但稱為單鞭的比較多。

2-5
提手上勢

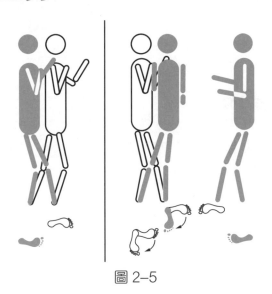

圖 2-5

　　第一步是用左腳對地施力並施行腹部呼吸，將身體向右腳移步，直到右腳為全實且左腳為全虛，左手掌仍向前，右掌約向下，如圖 2-5 左圖所示。而後以右腳為中心，將身體依時鐘方向右轉 90 度，同時將左腳也在原

地轉動 90 度，最後再使右腳對地施力並施行腹部呼吸，
將身體移步到左腳，直到左腳為全實且右腳為全虛，始
為腹部呼吸完結。在轉身及向左腳移步期間，左右臂膀
分別在身體兩旁折彎，如圖 2–5 右圖中左圖所示。右圖
中的右圖為該動作完成後從右側所視圖面，這種動作叫
作提手上勢。

2-6
白鶴亮翅

圖 2–6 左圖中的左圖，即圖 2–6 最左圖未塗色部分
所示為提手上勢。自此將全虛的右腳回縮到左腳旁，並
以右腳尖點地，在此期間兩臂膀下垂，然後即刻使右腿
向身體前方伸出約一肩寬度，再平鋪於地面，自此使左
腳對地面施力並施行腹部呼吸，將身體向前推動移步，
在移步期間，將身體向左轉動且左肱橫於胸前，兩手並
貼於右上臂長度的中央，待將身體重心移步到右腳正上
方時，右腳為全實且左腳為全虛，身體已轉動 90 度，如
圖 2–6 最左圖塗色部分所示。

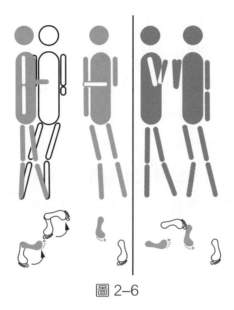

圖 2-6

　　至此在不需腹部呼吸情況下，將右臂膀從垂落狀態變為折彎上揚狀態，使右手掌掌心向前約和耳齊，左臂膀在垂落狀態，如圖 2-6 右起第二圖所示，該圖最右圖為其由右側面所見圖面。這項動作稱之為白鶴亮翅。

2-7
左摟膝拗步

　　自上節白鶴亮翅後，將右臂膀在鉛直面上向前劃圓

弧而逐漸下落，同時將左臂膀向前方在鉛直面上劃圓弧而逐漸提升，同時也將左腿向上向前提起，待右臂膀已劃弧擺動到身體後方時，左肱及左掌已劃弧到左腿的內側，左腿膝蓋已提到距左手約半尺左右高度，於是將左手自膝蓋內側在膝蓋上方摟作水平圓弧運動，而到膝蓋外側，此時右肱及右掌已從身體右側後方向前轉升到肩膀左右的高度，待將左腳平鋪於地面而在右腳左前方一肩間隔左右。

　　以上運動期間，都不需作腹部呼吸，而僅是一種摟膝的運動而已，自此使右腳向地面施力，並施行腹部呼吸，將身體向左腳移步，一直到左腳為全實且右腳為全虛為止，是為腹部呼吸完了，也是拗步運動完成，也便是摟膝拗步完成。這種摟膝拗步和圖 1–18 所示的稍有不同，如圖 2–7 塗色部分所示。這時候右臂膀折疊置於身體右側，右掌向前約和肩齊高，左手成下垂狀態，並置於身體左側。

圖 2–7

2-8
手揮琵琶

從上述的摟膝拗步最後位置將全虛的右腳向前移動約半步，至約靠近左腳右側，而後使左腳向地面施力，並施行腹部呼吸，將身體向後回坐，直到右腳為全實且左腳為全虛為止，如圖 2-8 最左圖塗色部分所示。這段時間上部兩臂膀仍維持原來位置，而後在不需腹部呼吸情形下，將左腳向左前方移約一肩距離，然後使右腳向

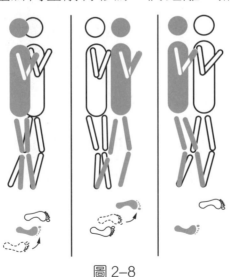

圖 2-8

地面施力並從事腹部呼吸，將身體向左腳移步，上部兩臂膀約仍維持原狀，此如圖 2-8 中圖塗色部分所示。

　　而後將身體向左轉動 45 度，使左前腳向地面施力，並施行腹部呼吸，將身體沿 45 度斜方向向後移步到右腳為全實且左腳為全虛為止。右臂和右肱相互水平方向折彎置於身體右側，右手掌向左，左臂和左肱也相互在立面折彎而置於身體左側，左手掌向右而和右手掌約相對應，而左手在右手前上方，此即手揮琵琶姿勢，如圖 2-8 最右圖所示。

2-9
摟膝拗步(一)(二)

　　這種動作和圖 1-18 中所敘述的摟膝拗步幾乎完全相同，請參考第 1-7 節舉足移步所述。唯其自上節手揮琵琶最後姿勢到摟膝拗步，尚有預備動作，即自手揮琵琶最後姿勢使右腳施力於地，並施行腹部呼吸，將身體推向左腳，移步到左腳為全實且右腳為全虛為止，此時右臂右肱折疊，右手約和肩齊，左臂膀成下垂狀態，如

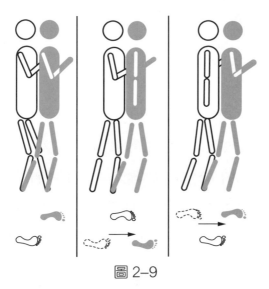

圖 2-9

圖 2-9 左圖塗色部分所示。自此則和圖 1-18 所示的摟膝拗步動作完全相同，多稱之為右摟膝拗步，本節列為摟膝拗步㈠，如圖 2-9 中圖塗色部分所示。

自此和上述摟膝拗步動作相同，只是左右兩側動作相互交換而已。將左腳向前挪移到右腳的左前方，待移到膝蓋至身體左側時，以左手在該膝蓋上摟過，一如右摟膝拗步者然，最後左臂膀伸直垂於身體左側，右臂和右肱折疊置於身體右側，左腳為全實且右腳為全虛，如圖 2-9 右圖塗色部分所示。此稱之為左摟膝拗步，本節列為摟膝拗步㈡。

2-10
手揮琵琶

這項動作和第 2-8 節所述的手揮琵琶幾乎完全相同。試比較圖 2-10 和圖 2-8 也可能認為完全相同，兩者差異的地方在於自中圖到最右圖的動作方法有所不同，第 2-8 節的圖 2-8 為將身體向左轉約 45 度後，才施行定足移步，到右腳為全實且左腳為全虛為止；圖 2-10 亦即本節的手揮琵琶是自中圖到最右圖的動作不需要將身體向左轉而只需將身體向後移步即可，兩者都是包括一個定足移步和兩個舉足移步。

圖 2-10

2-11
進步搬攬捶

　　自上節手揮琵琶姿勢使右腳向地施力並進行腹部呼吸，向前進一步將身體移步到左腳，直到左腳為全實且右腳為全虛，在這移步期間左右兩手輕鬆握拳，左臂下垂而左肱和左臂在立面上約成 90 度彎曲，右臂也下垂，但作少許的向前傾斜，右肱橫於腹前使右拳和左拳成拳心相對，而幾近相合狀態，此所謂之進步搬，如圖 2–11 左圖塗色部分所示。

　　自此將右腳移到左腳右前方平鋪於地，而後使左腳向地面施力，並施行腹部呼吸，將身體向右前方移步，移步期間，兩拳約仍保持拳心相對狀態，待移步完成腹部呼吸也終結時，右腳為全實且左腳為全虛，這時候右拳離開左拳向身右方挪動，並讓右拳心翻到向上位置，左拳置於腹前，此即所謂攬，如圖 2–11 中圖塗色部分所示。自攬開始將左腳移到右腳左前方，使右腳向地面施力，並施行腹部呼吸，將身體向左前移步，待移步完成，左肱橫置於腹部前方，右拳自左肱下方穿過，拳心

向左，右手仍為鬆握狀態，此即所謂之捶，這時左腳應為全實且右腳為全虛，如圖 2–11 右圖塗色部分所示。總括以上叫作進步搬攬捶。因為從搬到攬期間，右拳是從拳心向左逐漸轉為拳心向上，這種拳心方向改變的動作又叫作撇身捶。

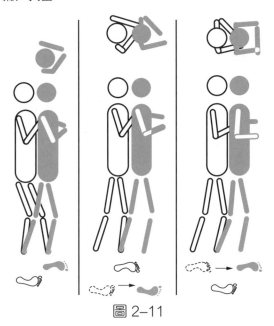

圖 2–11

2-12
如封似閉

　　自進步搬攬捶的最後姿勢使左腳向地面施力並施行腹部呼吸，將身體向右後腳移步，同時兩拳放鬆而成手心向上，並將兩肱向兩旁分開，在左右肱和地面沒有相對運動條件下，而左右臂隨身體向後移動情況，兩臂膀看似將近伸直成水平狀態分別置於身體兩旁，直到右腳為全實且左腳為全虛為止，如圖 2-12 左圖塗色部分所示。而後使右腳向地施

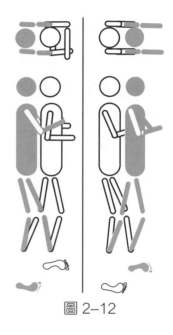

圖 2-12

力並施行腹部呼吸，將身體向前左腳移步，移步期間，使左右肱都對地沒有相對運動且左右臂都隨身體向前移步，相形之下，兩肱和兩臂分別成折疊狀態，兩掌心都向前，如圖 2-12 右圖塗色部分所示。這時候左腳為全實且右腳為全虛。

2-13
抱虎歸山㈠

自如封似閉的最後姿勢使左腳向地施力，並施行腹部呼吸，將身體向右腳移步，移步期間，兩腳沿時鐘方向向右轉動約 90 度， 同時兩臂膀向上伸直及兩掌心相向，分別置於身體兩旁，直到右腳為全實且左腳為全虛為止，兩腿成微彎狀，如圖 2–13 左圖塗色部分所示。

而後使左腳施力於地並施行腹部呼吸，將身體移步到右腳為全實且左腳為全虛為止。

自此將右腳向後移動直到和左腳前後相齊，兩腿仍維持微彎狀。而後使左腳向地面施力，並施行腹部呼吸，將身體從右腳向左腳移動，直到身體重心恰巧在左右兩腳的中間為止，至兩腳

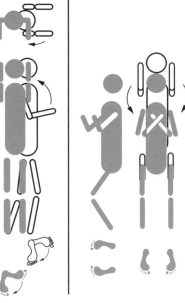

圖 2–13

都不為全實而都為半實，即由兩腳平均分擔身體的總重量。在移動身體期間，兩臂膀同時分別向身外左右劃弧下落，兩肱和兩臂分別相互折疊，並使兩肱分別向胸前移動，即使兩掌心向內而相互前後疊合，左手掌在內及右手掌在外，而兩者有約兩寸的間隔。這項動作有人稱之為十字手，如圖 2-13 右圖所示，其中的左圖為自右側看去的圖形。

2-14
抱虎歸山㈡

　　自上抱虎歸山㈠的最後姿勢使右腳向地面施力，並施行腹部呼吸，將身體移步到左腳，直到左腳為全實且右腳為全虛，是為腹部呼吸終結。在移步期間，左肱自腹前向外抽出並下垂，右臂膀仍維持不變，如圖 2-14 左圖塗色部分所示。而後將已全虛的右腳向後抽回，使之和左腳有一肩的前後和左右距離，再使左腳向地施力，並施行腹部呼吸。將身體從左前腳移步到右後腳，直到右腳為全實且左腳為全虛為止，如圖 2-14 中圖塗色部

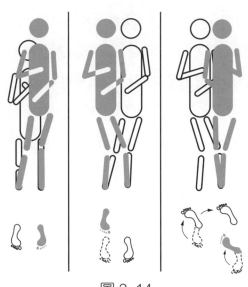

圖 2-14

分所示。自此不需腹部呼吸情形下，將雙腳以右腳為軸，向右轉動 135 度，隨後使右腳向地施力，並施行腹部呼吸，將身體從右腳移步到左後腳，直到左腳為全實且右腳為全虛為止，這時候身體已在 45 度後斜方向，兩手掌都向身體，如圖 2-14 右圖塗色部分所示。最後將右腳向右移動，使之在 45 度斜方向和左腳有一肩之隔，亦如圖 2-14 右圖下方所示。 以上三種動作合併稱為抱虎歸山㈡，將可自此進行下一動作斜單鞭。

2-15
斜單鞭

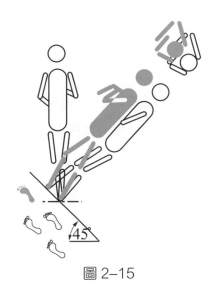

圖 2–15

　　斜單鞭包涵的項目和前述的廣泛稱謂單鞭完全一樣，即包括掤攦擠按和狹義的單鞭，如圖 2–3 及圖 2–4 兩圖所示。其作法如第 2–4 節所述，只是做此動作時，面對的方向在右轉 45 度的斜方向而已，本可不再敍述，可是因為從正面看過去斜單鞭的各種姿勢都不為真實情況，故若對準 45 度斜方向去看可得真實情況，如圖 2–15 中左方未塗色部分即為圖 2–14 右圖塗色部分情形。

　　若對它從 45 度斜方向去看，即如圖 2-15 中的未塗色部分，是為右前腳為全虛且左後腳為全實。自此使左腳向地施力，並施行腹部呼吸，將身體自左後腳移步到右前腳，直到右前腳為全實且左後腳為全虛為止，這時候左右肱都已在胸前，左肱在內且右肱在外，左右手掌心相對，類似懷抱小球姿態。此即以上所稱之掤。

　　圖 2-16 所示為自未塗色姿勢使右腳施力於地，並施行腹部呼吸，將身體先向右轉 45 度，而後沿該斜向將身體移步到左後腳，如圖 2-16 塗色部分所示，此即謂之攞。以下諸如圖 2-17 為擠，圖 2-18 及圖 2-19 為按，可以不必再加解釋，而參照前面所述的內容，即能澈底了解，圖 2-20 所示各動作都屬於前述的狹義的單鞭。唯其中下方三圖所示者仍為在 45 度斜向，務請注意！所以自圖 2-15 至圖 2-20 所表示的各項動作綜合為廣義的單鞭動作。

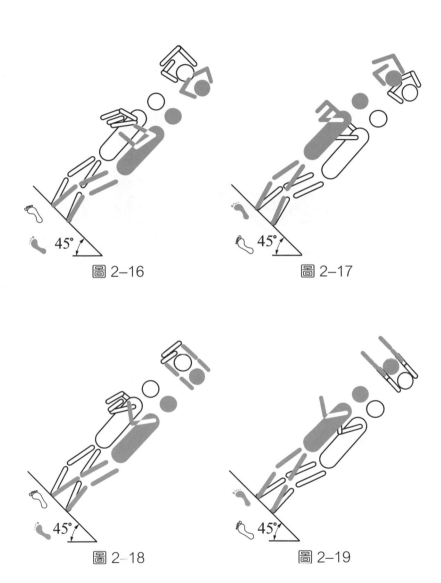

圖 2-16

圖 2-17

圖 2-18

圖 2-19

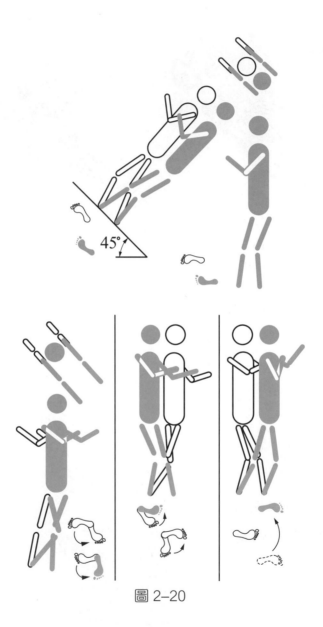

圖 2–20

2-16
肘底捶

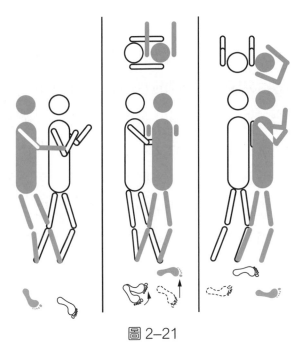

圖 2-21

　　自上節斜單鞭最後姿勢，人尚在 45 度斜向中，使左
腳施力於地，並施行腹部呼吸，將身體移步到右腳，在
此期間，左右兩臂膀約在直伸持平狀態。兩掌心都向下，
等到右腳為全實且左腳為全虛後，如圖 2-21 左圖所示，

立即向左轉動身體約 45 度，轉動時，雙臂膀仍然保持直伸持平狀態，到人轉到正面為止。在此期間，將左腳移到右腳左前方平鋪地上，隨即使右腳施力於地，並施行腹部呼吸，將身體移步到左腳，直到左腳為全實且右腳為全虛為止，如圖 2–21 中圖所示。

自此將右腳移到左腳的右前方平鋪地上，而後使左腳施力於地，並施行腹部呼吸，將身體移步到右腳，直到右腳為全實且左腳為全虛為止。在此期間，右臂膀逐漸垂落，右肱逐漸向上與臂相折疊，且右手逐漸握拳，待腹部呼吸完了，右肱已在胸前的水平位置，所握拳的虎口向上，同時左肱和左臂折疊處於豎立狀態，使左肘自右肱內側向上穿過而坐於右拳虎口上，左掌心向前方，五指直伸，而後將左腳輕移到右腳左前方，虛放地面，此即所謂肘底看捶，簡稱為肘底捶。

2-17
倒攆猴（左式）（右式）

　　自肘底捶的最後姿勢先將左右兩臂膊分別向左右分開，左臂下垂而左肱伸直約在水平位置，左掌心向上，右臂膊向後收縮與肩齊高，右掌心向下，而後將虛放地面的左腳移到右腳的左後方，使右腳施力於地，並施行腹部呼吸。將身體移步到左腳，直到左腳為全實且右腳為全虛為止，在此期間，右肱逐漸垂落，此時右掌心向下，同時左肱也逐漸垂落而掌心向上。當兩掌在胸前相遇時，右掌在上，左掌在下，成掌心相對狀態。自此左肱繼續向後抽回，而右肱繼續向前移動，待腹部呼吸完了時，左手成鉤手式，而約與肩齊高，右肱和右臂折疊後，成水平姿勢放置，右掌心仍維持向下，如圖 2–22 最左圖塗色部分所示。此即所謂之倒攆猴左式。

　　自此將全虛的右腳移到全實的左腳之右後方，虛放地上，使左腳施力於地，並施行腹部呼吸。將身體移步到右腳，直到右腳為全實且左腳為全虛為止。在此期間，將左鉤手式釋展成掌心向下，而隨左肱逐漸垂落，同時

使右掌心向上,也隨右肱逐漸垂落,當左右兩掌在胸前
相遇時,左掌在上,右掌在下,成掌心相對狀態。自此
左肱繼續向前移動成水平姿勢放置,同時右肱向後上方
回收,右掌成鉤手式約與肩齊高,如圖 2–22 左起第二
圖塗色部分所示。即所謂倒攆猴右式。

　　合併倒攆猴右式和左式總稱之為一套倒攆猴。 圖
2–22 自左至右共有連續五個倒攆猴最為常見,隨興致所
在,不妨有所增減,唯都得在倒攆猴左式終止。

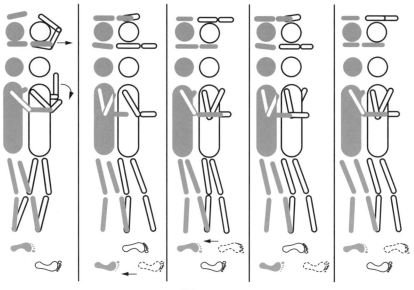

圖 2–22

2-18

斜飛勢

圖 2–23

　　圖 2–23 未塗色部分為上項倒攆猴左式姿勢，左腳為全實且右腳為全虛。自此將右腳自虛線位置向右移動到左腳的右前方，同時身體向右轉動 90 度，左腳也隨之向右轉 90 度。而後使左腳向地面施力，並施行腹部呼吸，將身體向右腳移步，在此移步期間，右肱和右臂折疊，使右肱幾在水平而稍微上翹，左臂及左肱則垂落，右掌心向上且左掌心向下。待右腳為全實且左腳為全虛時，右肱已和右臂對身體成右前方傾斜，此即所謂斜飛勢，即如第一章第 1–8 節一步轉身中所述。

2-19
提手上勢

　　圖 2–24 右圖中未塗色部分及下方虛線所示 ， 即上項斜飛勢的最後狀態，其時右前腳為全實且左後腳為全虛。先將左後腳移到右腳靠攏，而後使右腳施力於地，並施行腹部呼吸。將身體向後移步到左腳為全實且右腳為全虛為止，而後再將全虛的右腳移到左腳的右前方，如圖 2–24 右圖塗色部分及下方實線所示 。 在右腳前移期間，兩臂都垂落，兩肱和臂都相互折疊，如圖 2–24 左

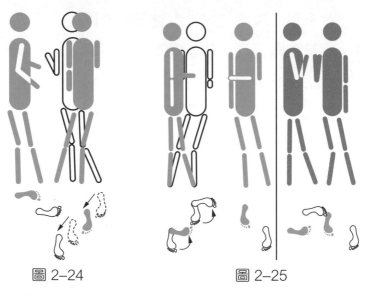

圖 2–24　　　　　　　圖 2–25

圖的左側觀測的姿勢，此即所謂提手上勢，與第 2-5 節所述者相同。

2-20
白鶴亮翅

與第 2-6 節所述相同，其過程一如圖 2-25 中各圖所示，不再復述。

2-21
摟膝拗步

與第 2-7 節所述相同，即自圖 2-26 未塗色部分右腳施力於地，並施行腹部呼吸。將身體自全實的右腳移步到全虛的左腳，直到左腳為全實且右腳為全虛為止。在身體移步初期，將左前腳回縮舉高，左手在左膝上方自內側向外側劃弧，即刻將左腳放回原位，此之謂摟膝拗步。

圖 2-26

2-22
海底針

自上項摟膝拗步的最後姿勢將全虛的右後腳向前移到和左腳靠攏，而後使左腳向地面施力，並施行腹部呼吸，將身體向後移步到右腳為全實且左腳為全虛為止，如圖 2-27 左圖塗色部分所示。在移步期間，左右兩臂膀都逐漸垂落，移步完結，再將全虛的左腳移動到右腳的左前方。在

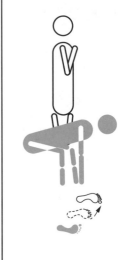

圖 2-27

不施行腹部呼吸條件下，逐漸將兩腿折疊，同時身體向下彎曲，右臂膀靠其自身重量下垂，直到右手中指觸地為止，左臂膀放於身體左側，左手指不觸地，如圖 2-27 右圖塗色部分所示。即謂之海底針。

2-23

扇通背

　　自上項海底針最後姿勢使右腳施力於地，並施行腹部呼吸，將身體逐漸直立起來，待身體直立，將兩腳及身體向右轉 45 度,而後在呼氣時將兩臂膀分別在身體左右側相折成 90 度形狀，如圖 2-28 中虛線所示。隨即像摺扇展開樣的分別垂落，如塗色部分所示。這時候左腳已為全實且右腳為全虛，此即所謂扇通背。

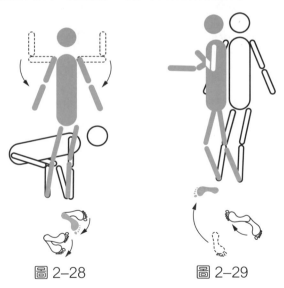

圖 2-28　　　　　圖 2-29

2-24
轉身撇身捶

　　自扇通背最後姿勢將左腳向右轉動約 135 度，將右腳移到左腳的右前方,同時將右手握成拳狀使虎口向上,左手上揚與肩齊高，左掌心向前傾斜，再使左腳施力於地，並施行腹部呼吸，將身體移位到右前腳為全實且左腳為全虛為止。移位期間，身體已向右轉約 135 度，右臂膀隨身體轉動，而後使右肱約在水平位置，右拳虎口向身體外側並使拳心向上，左肱和左臂相折疊到手約與肩齊，左手掌心向前傾斜。如圖 2-29 塗色部分所示。

2-25
掤攦擠按

　　自轉身撇身捶的最後姿勢使右腳施力於地，並施行腹部呼吸，將身體向後移步到左後腳，到左後腳為全實且右腳為全虛為止。在這移步期間，兩臂膀保持不變，如圖 2-30 最左圖塗色部分所示。 自此即施行掤攦擠按的正本動作 ， 一如第 2-4 節所述及圖 2-30 自左起向右各圖所示。

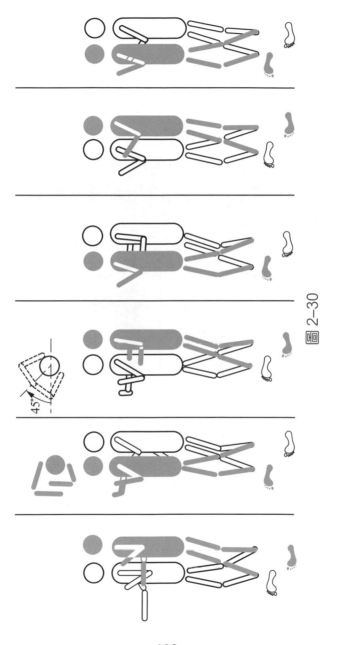

圖 2-30

109

2-26
單　鞭

　　這和第一章第 1–8 節圖 1–26 所討論的三步轉身相同，也和第 2–4 節所討論的單鞭一樣，所以這種動作的作法和作時的要領可參照第 1–8 節及第 2–4 節所述的情形，亦如圖 2–31 所示。

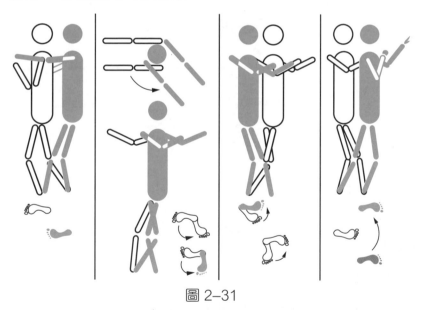

圖 2–31

2-27
擺　手

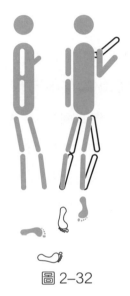

圖 2-32

　　自上節單鞭的最後姿勢將全實的左腳向右轉動 90
度，即將身體沿時鐘方向轉動 90 度，這時候在全虛的右
腳也被迫向右轉動 90 度。 轉身後右臂膀垂落在身體右
側，左臂和右肱折疊使左掌向內，如圖 2-32 右圖塗色
部分所示。 圖 2-32 左圖為自身體左方看去的側視圖，
這時候左腳在右腳左後方為全實，右腳為全虛，是為廣

義單鞭到擺手動作的過渡動作。

　　擺手動作的作法及作時的要訣已於第一章第 1–7 節舉足移步一項中討論過，一如圖 1–20、圖 1–21 所示。圖 1–20 所示嚴格講仍為擺手的預備動作，參考圖 2–33 上排左方兩圖所示，似和圖 1–20、圖 1–21 相同，但最左圖代表動作中身體為向左前方移步而不為橫移。 圖 2–33 上排左三圖雖和最左圖相同 ， 但因是身體橫向移步，因此可納入擺手一列，而上排左二和左三兩圖的動作可作為一組擺手 ， 如是者可見圖 2–33 所示者除上排最左與下排最右的圖外，共包括三組連續相同的擺手。在圖 2–33 下排最右圖雖也是擺手 ， 但多將它列入到自擺手到下一動作的中介動作，在到下排最右圖中塗色部分姿勢後，將身體自左側向右轉回到正前方，左腳全實且右腳全虛。

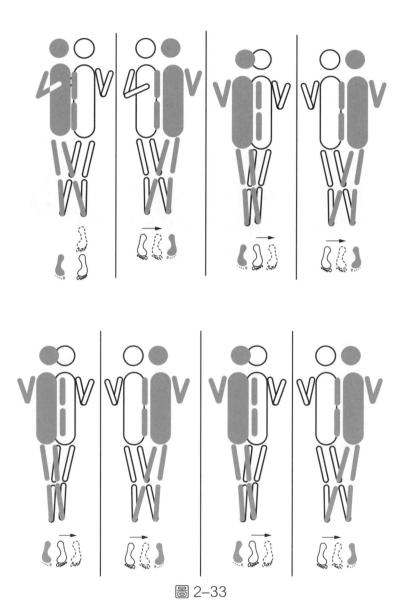

圖 2-33

2-28
移步轉身

　　自圖 2–33 下排最右圖所示姿勢將全虛右腳移到全實左腳的右前方 ，而後使左腳施力於地，並施行腹部呼吸，將身體推向前，移步到右腳 ， 直到右腳為全實且左腳為全虛為止，在移步期間，同時將身體向左轉動 90度，並將右手作成鉤手式置與肩齊，左臂膀垂落，左肱和左臂有少許的折彎，如圖 2–34 塗色部分所示。

圖 2–34

2-29
高探馬

　　自圖 2–34 塗色部分的姿勢使右腳施力於地 ， 並施行腹部呼吸，將身體向前移步，到左腳為全實且右腳為全虛為止，而後將全虛的右腳向前移到與左腳靠攏，如圖 2–35 左圖所示。在這移步期間，上部肢體維持不變。

隨後使左腳施力於地，並施行腹部呼吸，將身體向後移步到右腳為全實且左腳為全虛為止，在這移步期間，右手將鉤手式放開略為下落，左肱和左臂相彎曲約在腰間水平放置，左手掌向上。

自此右肱向前趨向於腰際前方平放，左肱向後抽回約在腰間平放，右掌向下，左掌向上，使左右兩掌在腰前相會，右掌在上，左掌在下，兩掌心成相對姿態，同時又將全虛的左腳移到全實右腳的左前方　，如圖 2-35 之中圖及右圖所示。此之謂高探馬。

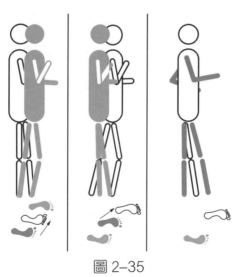

圖 2-35

2-30
右分腳

自圖 2–35 最右圖姿勢 ，將全虛左腳向後移到全實右腳之左後方，使全實的右腳施力於地，並施行腹部呼吸，將身體向後移步到左腳，直到左腳為全實為止，在這移步期間，左右兩臂膀同時分別自身體左右兩側垂落。到最低點後，兩臂膀伸直，同時以不同方向劃弧運動到胸前，然後再揚到頭頂上方，而後類似摺扇展開的樣子，分別向外在一平面下落 ，如圖 2–36 箭頭所示。 在此同時，右腿逐漸抬起伸直，向身體右前 45 度斜方向舉平，右腳面和右腿同在一直線上，此即所謂右分腳。

2-31
左分腳

將右分腳懸在水平位置的右腳和右腿逐漸落下，左右兩臂也順展扇式的弧線逐漸下落，而且同向胸前會合。在做這項運動時，不需要腹部呼吸，待右腳落到地面，

而在左腳右前方一肩距離，平鋪放到地面，且為全虛狀態，這時候兩肱已落到最低點，自此使左腳向地施力，並施行腹部呼吸，將身體向前移步到右腳，到右腳成為全實為止。

在移步完成時，將左腿伸長向身體左前方舉起，直到左腳和腿及腳面在一水平線為止。在這同時，左右兩臂膀分別劃弧成扇形相互分開，如圖 2-37 塗色部分所示，此即所謂左分腳。

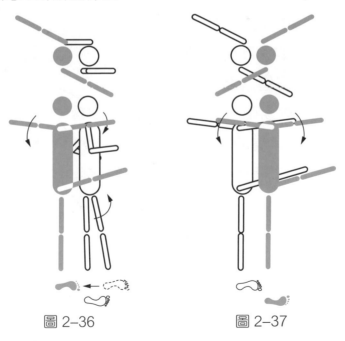

圖 2-36　　　　　　　　圖 2-37

2-32
轉身蹬腳

　　這種動作已於第 1–8 節單腿轉身一項中敘述過，本可不再復述，但不妨稍作重述，以作為參考。即自左分腳的最後姿勢將平放的左腿左腳向身前收縮，收縮時，左腿折疊而後再向上抬舉，如是可降低身體作用於地面的力量，即減輕轉身的扭動阻力，同時施行腹部呼吸也能減輕轉身的扭動阻力。

　　由於收縮左腿時有使身體受有向左扭動的扭矩，因此在以上情形下，身體可輕易的向左轉動 90 度，在轉身期間，兩臂膀向胸劃弧並使兩掌會於胸前，而後兩臂膀轉動到頭部上方，再展扇似的劃弧，如圖 2–38 中箭頭所示。在做這項運動時，左腿同時向身體左前方蹬出，腿和腳成直線而約在水平位置為止，所謂蹬出即使腳底板與腿成 90 度折彎。

圖 2–38

2-33
左右摟膝拗步

自上述轉身蹬腳到左右摟膝拗步，還有一個過渡運動如圖 2–39 所示。即將水平位置的左腿向左向後縮回，最好也同時施行腹部呼吸，如是者便能比較容易的將身體向左轉動 90 度，而後使左腳落到在全實狀態的右腳左前方，在轉身同時，左臂膀垂落於身體左側，右臂膀折

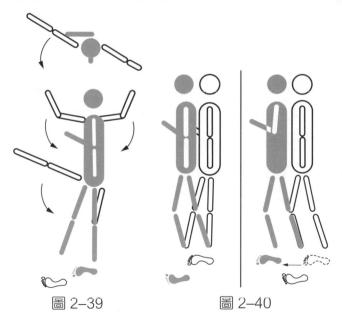

圖 2–39　　　　圖 2–40

彎而右手約與胸同高，如圖 2–39 塗色部分所示。自此
可順序施行右摟膝拗步及左摟膝拗步，如圖 2–40 所示。
摟膝拗步的作法一如第 1–7 節及圖 1–18 所示。

2-34
進步栽捶

　　自上述右摟膝拗步的最後姿勢，
將全虛左腳移向全實右腳的左前方，
使右腳向地施力，並施行腹部呼吸，
推動身體移步到左腳，直到左腳為全
實且右腳為全虛為止。在移步期間，
身體向前彎曲，左腿逐漸折彎，右手
握拳且左手垂落，待右拳觸及地面
時，是為腹部呼吸終了之時，此之謂
進步栽捶，如圖 2–41 所示。

圖 2–41

2-35
轉身撇身捶

　　自進步栽捶最後姿勢使左腳向地施力，並施行腹部呼吸，直到右腳為全實且左腳為全虛為止。在此期間，除將身體向後移步到右腳之外，並將身體恢復到直立位置，左肱橫於胸前，掌心向下，右肱橫於腹前，而掌心向上，如圖 2–42 最左圖所示。

　　自此維持兩肢體不變情形下，使身體向右轉動約 180 度，轉動時左腳也隨身體而轉動，自此使全實的右

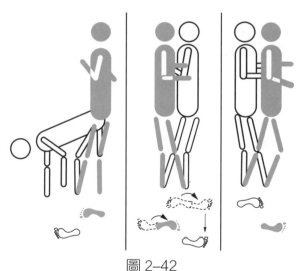

圖 2-42

腳向地施力，並施行腹部呼吸，將身體移步到左腳為全實為止，再將右腳橫移到左腳的右前方為全虛，如圖2-42 中圖塗色部分所示。

自此再使左腳向地施力，並施行腹部呼吸，直到移步至右腳為全實且左腳為全虛為止。移步期間，右手握拳，右肱下垂，移步完成即腹部呼吸終了，右拳的拳心向上，位於身體的右前方，如圖 2-42 右圖所示，此之謂轉身撇身捶。

2-36
進步搬攬捶

自上述轉身撇身捶最後姿勢將左腳向前移到全實右腳的左前方，而後使右腳向地施力，並施行腹部呼吸，將身體移步到左腳為全實且右腳為全虛為止。在移步終結右拳已隨身體前移，而使拳心向內，左肱已到達身體左側前方，如圖 2-43 塗色部分所示。

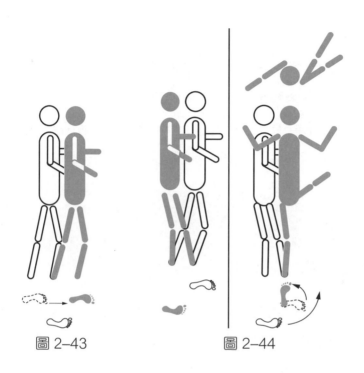

圖 2-43　　　　　　　圖 2-44

2-37
右踢腳

　　自進步搬攬捶的最後姿勢使全實的左腳向地施力，並施行腹部呼吸，向後移步直到右腳為全實且左腳為全虛為止。在此期間，右拳已竟放展，左臂膀成垂落狀態，如圖 2-44 左圖所示。然後使右腳向地施力，並施行腹

部呼吸，將身體向前移步的同時，將身體向左轉動 90
度。在此同時，左腳在原地向左轉動 90 度，待腹部呼吸
終結左腳為全實時，將右腳向身體右前方踢出，到右腿
約在水平位置為止。在此期間，兩臂膀自胸前約成摺扇開
展，似分別向左右鋪展，如圖 2–44 右圖塗色部分所示。

2-38
左打虎

自上述右踢腳最後姿勢在不需腹部呼吸條件下，將
右腿逐漸落下，使右腳落在左腳的右前方有一肩之隔。
而後使全實的左腳向地施力，並施行腹部呼吸，將身體
移步到右腳為全實且左腳為全虛為止，移步期間，左右
兩臂膀同時分別垂落於身體左右側，如圖 2–45 左圖塗
色部分所示。

自此將全虛的左腳移到全實右腳的左前方，使右腳
向地施力，並施行腹部呼吸，將身體向前移步到左腳為
全實且右腳為全虛為止。移步終結，左臂已舉到約與肩
齊，左肱橫於胸前上方，左手握拳使虎口向下，同時右

肱橫於胸腹間前方，右手握拳使虎口向上與左拳虎口上下相對，如圖 2–45 右圖中左圖塗色部分所示。圖 2–45 右圖中左圖為自左側所視的情形，此即所謂之左打虎。

圖 2–45

2-39
右打虎

自左打虎最後姿勢在不需腹部呼吸情況下，將全實

的左腳和全虛的右腳同時向右轉動 90 度，即將身體向右
轉動 90 度，上部臂膀維持不變，如圖 2–46 左圖中左圖
所示。左圖中右圖為右視姿勢，自此使左腳向地施力，
並施行腹部呼吸，到右腳為全實且左腳為全虛為止。在
這移步完結即腹部呼吸終止時，右肱已橫於胸前上方，
右拳虎口向下，左肱亦橫於胸腹間前方，右拳虎口向上
和左拳虎口相對，如圖 2–46 右圖塗色部分所示，此之
謂右打虎。

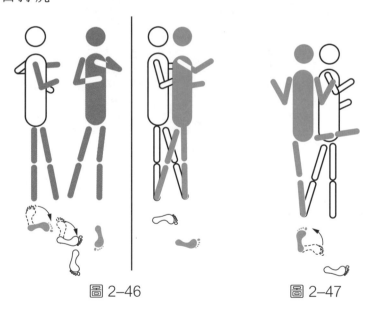

圖 2–46　　　　　　　　圖 2–47

2-40
右踢腳

自上述右打虎的最後姿勢使全實的右腳向地施力，並施行腹部呼吸，兩臂膀分別在左右兩側向下垂落，身體向左轉 90 度，並向前移步，待移步到左腳為全實時，右腿向身體右前方伸直到水平狀態，腳底面和腿約折彎為 90 度，如圖 2–47 塗色部分所示，此謂之右踢腳。

2-41
雙風貫耳

自上述右踢腳的最後姿勢將右腿向身體右方縮回，同時使左腳向右轉動約 135 度，在此同時，兩臂膀分別自身體左右側垂落，使右腳落於左腳的前方，身體已轉斜和正面成 45 度，如圖 2–48 左圖塗色部分所示。自此使全實的左腳向地施力，並施行腹部呼吸，到將身體移步到右腳為全實且左腳為全虛為止。在移步期間，兩臂膀分別在左右兩側自外再向內作立體弧形運動，待右腳

為全實時，所握左右兩拳已可使左右虎口相對約與肩齊，如圖 2–48 中圖塗色部分所示。

　而後使右腳向地施力，並施行腹部呼吸，使身體向後移步到左腳為全實且右腳為全虛為止。在移步期間，左右兩臂膀分別向外分開，待左腳為全實如圖 2–48 右圖塗色部分所示，左右兩拳的虎口仍在相向位置，以上為雙風貫耳。

圖 2–48

2-42
左踢腳

　　自上述雙風貫耳的最後姿勢使左腳向地施力，並施行腹部呼吸，將身體向前移步到右腳為全實且左腳為全虛為止。在移步期間，兩臂膀逐漸垂落，同時將右腳帶同身體向左轉動 45 度，在此同時，左腳向身體左前方踢出，腳底面和左腿折彎成約 90 度，如圖 2–49 左圖塗色部分所示。該右圖為其右視形狀。

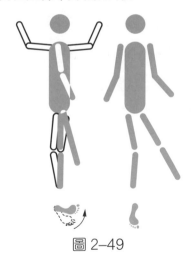

圖 2–49

2-43
單擺蓮

這種動作與第 1-8 節中兩步轉身的動作相似，其作法簡介如下：

自左踢腳的最後姿勢使全實的右腳向地施予扭轉力，使身體可以向右轉動約 90 度，這時左腿左腳可以跨越右腿使左腳落於右腳的左後方，而後左腳尖稍微向地施力，即能使身體繼續轉動 90 度，如圖 2-50 左圖塗色部分所示。自此使右腳向地施予扭轉力，並施行腹部呼吸，將身體再向右轉動 180 度，待轉動及腹部呼吸完結，左腳為全實且右腳為全虛，左右兩臂膀都折疊位於身體左右側，如圖 2-50 右圖塗色部分所示。

2-44
進步搬攬捶

自上述單擺蓮的最後姿勢使左腳向地施力，並施行腹部呼吸，將身體向前移步，到右腳為全實且左腳為全虛為止。在移步期間，右手握拳，置與腰齊，拳心向內，

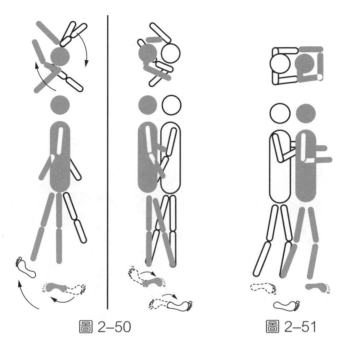

圖 2-50　　　　　　　　圖 2-51

左肱和左臂在豎立面成折彎 90 度狀態 ，先置於身體前方，待身體將右臂和右拳帶到右腳為全實時，右拳拳心向上，稱之為撇捶或搬捶。而後將左腳移到右腳左前方，再使右腳向地施力，並施行腹部呼吸，到左腳為全實且右腳為全虛為止。在此移步期間，右拳虎口漸行向上，待左腳為全實時，右拳在左肱下方通過，如圖 2-51 塗色部分所示。是謂之攬捶。總括兩次移步，總稱之為進步搬攬捶。

2-45
如封似閉

這和第 2–12 節及圖 2–12 所述及圖示的情形完全一樣。即先使左腳向地施力，並施行腹部呼吸，將身體向後移步到右腳為全實且左腳為全虛為止，移步期間，左右兩肱和地面無相對運動，兩臂隨身體後退，形成臂膀直伸，掌心向上，如圖 2–52 左圖所示。而後再使右腳向地施力，並施行腹部呼吸，將身體向前移步到左腳為全實且右腳為全虛為止。移

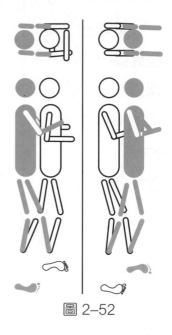

圖 2–52

步期間，兩肱仍然和地面無相對運動，兩上臂隨身體前進，於是兩臂和兩肱成折疊狀態，手掌向前，如圖 2–52 右圖塗色部分所示。

2-46
抱虎歸山

　　這項動作是前面第 2–13 節及第 2–14 節所討論的抱虎歸山㈠和抱虎歸山㈡的合併。它的作法和作時的要領及歷程一如該兩節所述，亦如圖 2–13 及圖 2–14 所示，不再贅述。圖 2–53 及圖 2–54 為其動作情形。

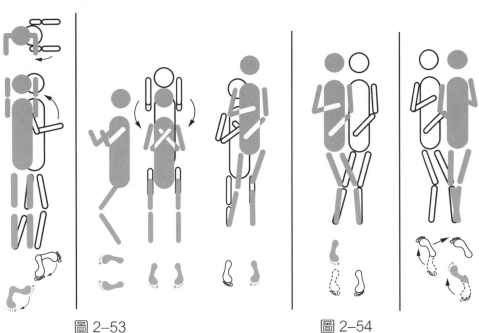

圖 2–53　　　　　　　　　　圖 2–54

2-47
斜單鞭

這項動作如第 2–15 節所述，包括在 45 度斜向所作的掤攦擠按及單鞭，如前面圖 2–15 到圖 2–20 所示的各種運動，它的作法和作時的要領一如第 2–15 節所述，以下圖 2–55 即各步動作情形。請注意圖 2–55 最後三圖仍為和正面成向右 45 度斜向。

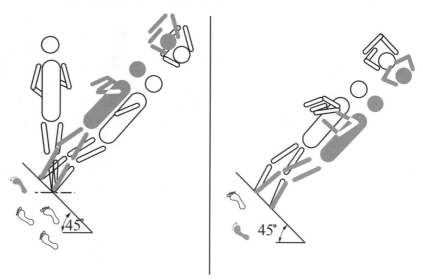

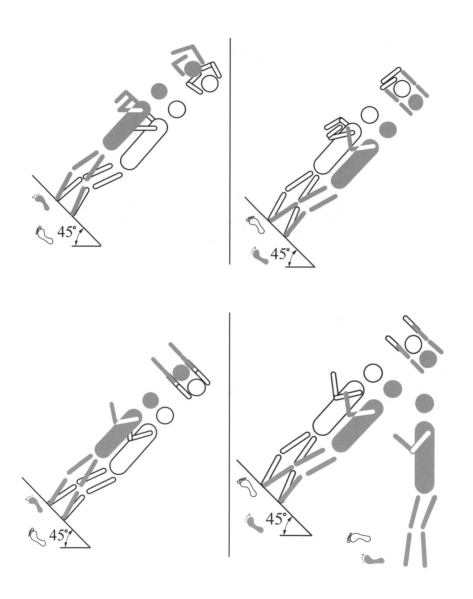

135

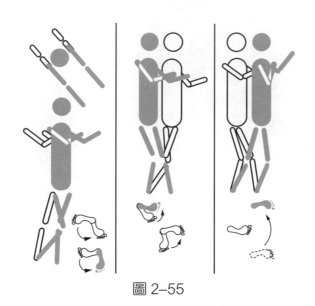

圖 2–55

2-48
野馬分鬃（右式）（左式）

　　這種動作又有人稱之謂「烈馬分鬃」。它是從上述斜單鞭的最後姿勢使左腳向右轉動 135 度，身體和兩臂膀也被帶動轉動 135 度，兩臂膀垂落到腹前，如圖 2–56 塗色部分所示。這是野馬分鬃和斜單鞭的過渡動作，自此使左腳向地施力，並施行腹部呼吸，將身體向前移步，到右腳為全實且左腳為全虛為止。移步期間，左手掌向

下在右手上方，右手掌向上。當身體向前移
步時，使左手及左肱向後移動，而右手及右
肱向前上方移動，待右腳為全實時，身體帶
同右肱向右轉動約 45 度，此為野馬分鬃右
式，如圖 2-57 最左圖塗色部分所示。

　　而後將左腳移到右腳左前方，自此使右
腳向地施力，並施行腹部呼吸，將身體向前
移步，到左腳為全實且右腳為全虛為止。移
步期間，先將身體回頭轉動 45 度，再使右

圖 2-56

手掌向下，左手掌向上，而且右手在上，左手在下。

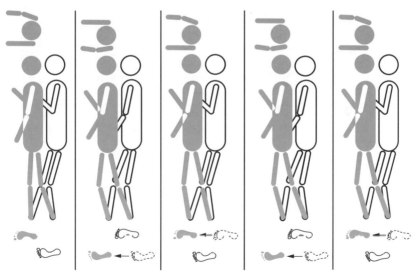

圖 2-57

　　身體移步時，右肱向後劃弧而左肱向前上方移動，兩掌在腹前相會，待左腳為全實時，使身體帶同左肱向左轉動約 45 度，此之謂野馬分鬃左式，如圖 2-57 左二圖塗色部分所示。如是者右式左式相繼操作到右式為終止，其中包括兩套左右式，但亦可有所增減，並無限制。

2-49
左攬雀尾

　　自上述野馬分鬃最後姿勢以右腳為軸向左轉動 90 度，並將兩肱橫於胸前，右肱在上，左肱在下，如圖 2-58 左圖所示。而後使右腳向地施力，並施行腹部呼吸，將身體向前移步，到左腳為全實且右腳為全虛為止。移步後左肱橫於胸前，右臂膀垂落，如圖 2-58 右圖塗色部分所示。此之謂左攬雀尾。

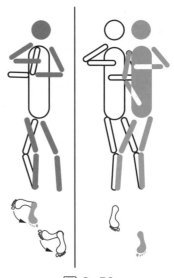

圖 2-58

2-50 進步掤攦擠按

自上述左攬雀尾最後姿勢使左腳向地施力，並施行腹部呼吸，將身體向右前方移步，到右腳為全實且左腳為全虛為止。移步期間，身體向右轉 90 度，同時兩腳也向右轉動 90 度，待右腳為全實時，右肱及左肱都橫於胸前，右掌心向內，左掌心向外，此之謂掤，如圖 2–59 左圖所示，此與第 2–4 節所示者相同。接著將圖 2–59 和

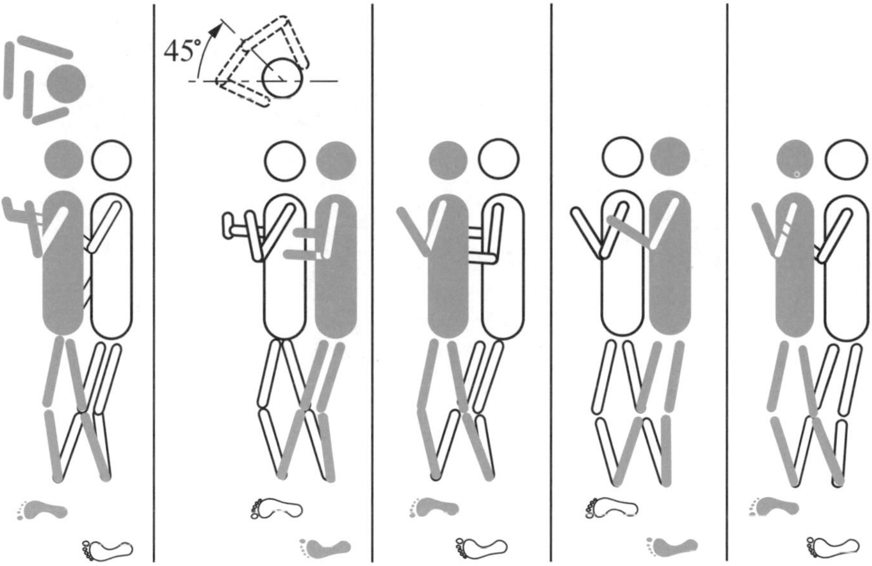

圖 2–59

圖 2-3 相較，可見完全相同，即代表掤攦擠按四種動
作，作法一如第 2-4 節所述，不再贅述。

2-51
單　鞭

自上述進步掤攦擠按最後姿勢可依圖 2-60 自左至
右各步驟進行單鞭動作，這項動作的作法和作時的要領，
已述於第 1-8 節三步轉身動作中，一如圖 1-26 自左至
右各步驟，以及該節所述，不再贅述。

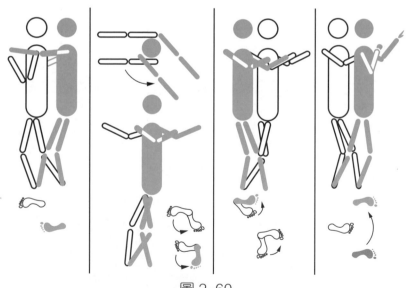

圖 2-60

2-52
玉女穿梭㈠㈡㈢㈣

自上述單鞭的最後姿勢以左腳為軸心，向右轉動 90 度，左臂膀折疊且右臂膀伸直垂落，如圖 2-61 上排左圖的右圖所示。圖 2-61 上排左圖的左圖為向左側透視的圖面，自此再將身體右轉 45 度成斜的方向，同時右臂膀折疊且左臂膀伸直垂落，如圖 2-61 上排右圖所示。

而後使左腳向地施力，並施行腹部呼吸，在維持上部肢體不變條件下，將身體向前移步，到右腳為全實且左腳為全虛為止，如圖 2-61 下排左圖所示，該圖為自右斜方所見圖形。然後使右腳向地施力，並施行腹部呼吸，並將左腳移到右腳左前方，到左腳為全實且右腳為全虛為止。

在移步後左手舉到頭頂前上方，左手掌向外而橫放，右手掌向外而豎放於左手掌之下方，左右兩手掌在同一平面上，此之謂玉女穿梭㈠，如圖 2-61 下排右圖所示，該圖亦為自右斜方所見圖形。

自上述玉女穿梭㈠的最後姿勢使左腳向地施力，並

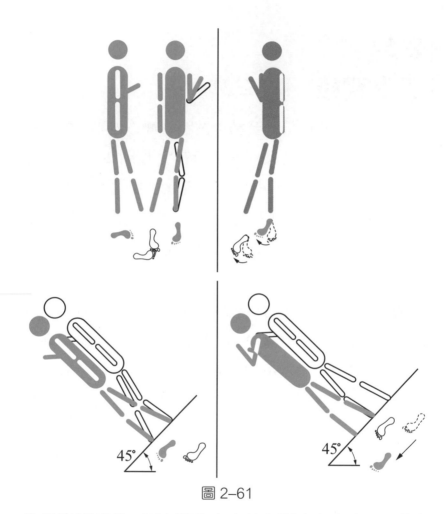

圖 2-61

施行腹部呼吸，到右腳為全實且左腳為全虛為止。將身
體向後移步，移步期間左右兩掌分別橫於胸前，左掌在
上，右掌在下，兩掌心相向，好像合抱一球狀態，如圖

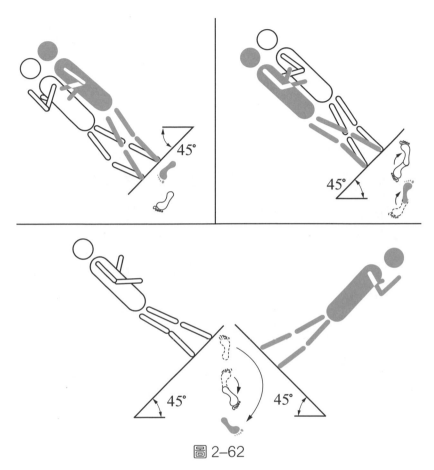

圖 2–62

2–62 左上圖塗色部分所示。而後再使右腳施力於地，並施行腹部呼吸，將身體向左腳移步，到左腳為全實且右腳為全虛為止。移步期間，左右兩腳同時向右轉動 135度或 180 度，兩臂膀維持抱球狀不變，如圖 2–62 右上

圖塗色部分所示。 若自右方斜視可為圖 2–62 下圖右圖
所示。

　　自此將左腳向右轉動 135 度或 90 度，右腳移到左腳
的右方，可使身體轉到向左前斜 45 度。待身體轉定後，
使左腳向地施力，並施行腹部呼吸，直到右腳為全實且
左腳為全虛為止。在此身體移步期間，右掌逐漸舉高到
頭頂前方，右掌心向外橫向放置，左掌也放於胸前而在
右掌之下，左掌心也向外且與右掌在一平面上，此為玉
女穿梭㈡，如圖 2–62 下方右圖所示。這是自左斜方觀
察所見圖形。

　　自玉女穿梭㈡最後姿勢將左右兩腳同時向左轉動
90 度，而後使右腳向地施力，
並施行腹部呼吸 ，將身體移步
到左腳為全實且右腳為全虛為
止。 移步後左掌心向外橫置於
頭頂前方，右掌心向外豎於胸
前在左掌之下，兩掌在一平面
上，此之謂玉女穿梭㈢，如圖
2–63 塗色部分所示。該圖形為

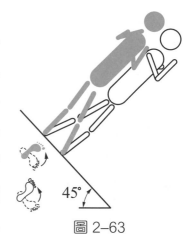

圖 2–63

左斜方所見。

　　自玉女穿梭㈢最後姿勢使左腳向地施力，並施行腹部呼吸，將身體向右腳移步，到右腳為全實且左腳為全

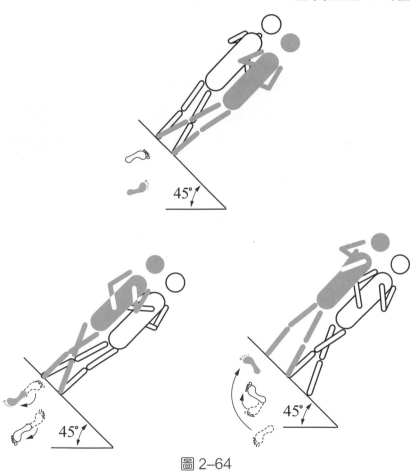

圖 2-64

虛為止。移步後，左手掌心向下，右手掌心向上，兩掌心相對如抱球狀態，如圖 2–64 上圖塗色部分所示。

　　而後維持上部肢體不變情形下，左右兩腳同時向右轉動 180 度，即可將身體轉動 180 度，在轉身後，使右腳向地施力，並施行腹部呼吸，直到左腳為全實且右腳為全虛為止，如圖 2–64 下左圖所示。最後將右腳移到左腳右方，再將兩腳同時向右轉動 90 度，將身體轉妥後，使左腳向地施力，並施行腹部呼吸，將身體移步到右腳為全實且左腳為全虛為止。移步後，右手掌向外，舉到頭頂前方，右手掌為橫置，左手掌向外，豎置於胸前，且在右掌之下，此之謂玉女穿梭㈣，如圖 2–64 下右圖塗色部分所示。該圖仍為自左斜方視察所見。

2-53
左攬雀尾

　　自上玉女穿梭㈣的最後姿勢，以全實的右腳為軸將身體向左轉動 135 度，到面對正前方為止，如圖 2–65 左圖塗色部分所示。這時右腳仍為全實，左腳為全虛，左

右兩臂膀同時垂落於胸前，左掌心向下而在上，右掌心向上而在左掌之下，兩掌如同抱一球狀態。自此使右腳向地施力，並施行腹部呼吸，將身體向前移步到

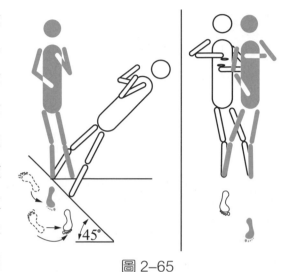

圖 2–65

左腳為全實且右腳為全虛為止。移步後，左肱橫於胸前，右臂膀垂落而使右肱向內稍作折彎 ， 如圖 2–65 右圖塗色部分所示。此謂之左攬雀尾。

2-54
上步掤攦擠按

自上左攬雀尾的最後姿勢使左腳向地施力，並施行腹部呼吸，將身體向右腳移步，到右腳為全實且左腳為全虛為止。移步期間，身體連同兩腳都向右轉動 90 度，

移步後，右肱及左肱都橫於胸前，右肱在外而左肱在內，兩掌心也相對如抱球狀態，此謂之掤。如圖 2–66 左圖塗色部分所示。自此即可依序進行攦擠按等，如圖 2–66 左二圖起以至右各圖所示。其作法一如第 1–6 節所述，不另贅述。

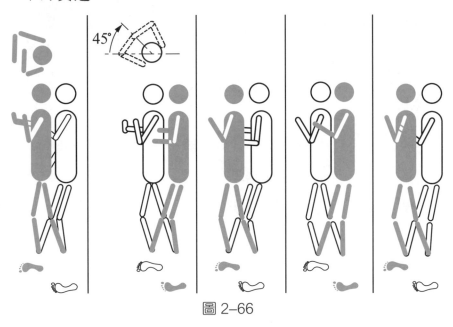

圖 2–66

2-55

單　鞭

　　這項動作的作法及作時的要訣已於第 1-8 節三步轉身中有所描述，圖 2-67 即該單鞭動作的各步驟，可參照第 1-8 節施行。

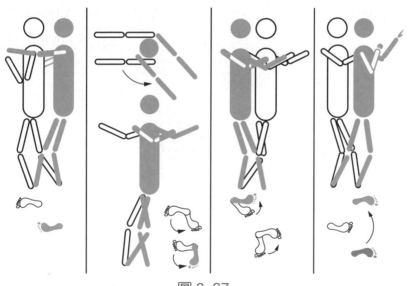

圖 2-67

自上述單鞭最後姿勢使左腳向地施力，並施行腹部呼吸，將身體向後移步到右腳為全實且左腳為全虛為止。移步期間，左右兩肱都與上臂成折疊狀態，分別置於身體左右兩側，左肱稍較右肱為高，如圖 2–68 左圖塗色部分所示。而後使右腳向地施力，並施行腹部呼吸，到左腳為全實且右腳為全虛為止。在此期間，兩腳同時向右轉動 90 度，將身體轉到面對正前方，如圖 2–68 右圖中左圖塗色部分所示。右圖中右圖為右側所見形狀，此為自單鞭到下步擺手動作的過渡動作。

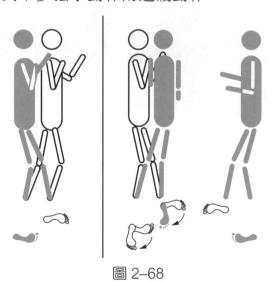

圖 2–68

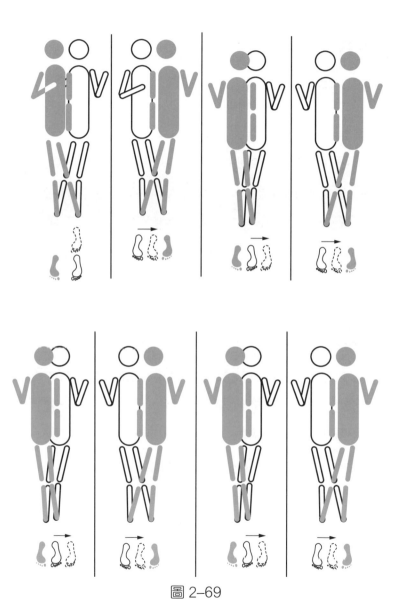

圖 2-69

2-56
擺　手

這種動作和第 2–27 節及圖 2–33 完全相同，它的作法已於第 1–7 節及圖 1–20、圖 1–21 分別敘述與表示過，因此在此可不再復述，可參照第 1–7 節及圖 1–20、圖 1–21 進行。圖 2–69 自左至右各圖即為該擺手動作的順序情形。

2-57
蛇身下勢

自上述擺手最後姿勢將右腳向前跨出一步，而後使左腳向地施力，並施行腹部呼吸，到右腳為全實且左腳為全虛為止。將身體向前移步期間，同時將身體向左轉動 90 度，並將左肱和左臂作相當的折疊，如圖 2–70 左圖塗色部分所示。而後將身體向下沉彎，使之全部重量由右腳承擔，因此右腳仍為全實且左腳為全虛，待身體已坐實右腿後，左臂膀垂落在身體左側，右臂膀成折疊狀，如圖 2–70 右圖塗色部分所示。

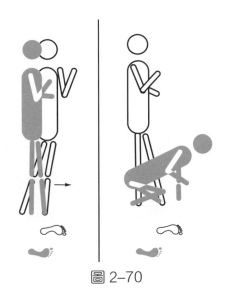

圖 2-70

2-58
金雞獨立（右式）（左式）

　　自上蛇身下勢最後姿勢使右腳向地施力，並施行腹部呼吸，可將身體向左腳移步，移步期間，身體向上站立，左手向前趨於左腳，左手下垂，同時向前移動。待左腳為全實且右腳為全虛時，身體將全部直立，而由直立的左腳承擔全身重量，右腳向上使右腿折疊，右肱和右臂也折疊，使右肘幾落於右膝之上，左臂膀垂落於身

體左側，此之謂金雞獨立右式，如圖 2-71 左圖所示。

　　而後將右腿向右後方伸去，使右腳落地時在左腳右後方，再使左腳向地施力，並施行腹部呼吸。將身體移步到右腳，到右腳為全實且左腳為全虛為止，移步後身體重量由右腿全部承擔，左腿向上提起並相互折疊，左臂和左肱也相互折疊，使左肘幾落於左膝之上，右臂膀垂落於身體右側，此謂之金雞獨立左式，如圖 2-71 中圖塗色部分所示。

　　而後將左腳向後落於右腳的左後方，使右腳向地施力，並施行腹部呼吸，將身體向後移步到左腳為全實且右腳為全虛為止。
移步後右腳也平鋪於地，右肱在身體右前方幾為水平，左肱和左臂折疊置於身體左側，如圖 2-71 右圖塗色部分所示。

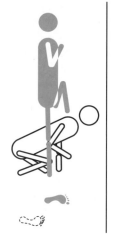

圖 2-71

2-59
倒攆猴

　　這種動作曾於第 1–7 節及圖 1–19 中敘述及表示過，而後又在第 2–17 節及圖 2–22 顯示過，它的作法和作時的要訣可參照所舉各節各圖實行。亦如圖 2–72 所示。

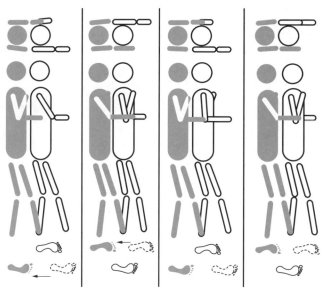

圖 2–72

2-60
斜飛勢

　　這項動作已見於第 2–18 節及圖 2–23，因此其作法及作時的要訣可參照所舉各節及圖實行，如圖 2–73 所示。

2-61
提手上勢

　　這項動作與第 2–19 節及圖 2–24 所示相同，可參照實行，如圖 2–74 所示。

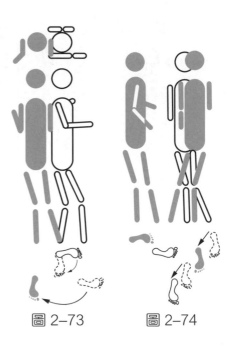

圖 2–73　　　　圖 2–74

2-62
白鶴亮翅

這項動作已見於第 2-6 節和第 2-20 節及圖 2-25 ，可參照該節等實行，如圖 2-75 所示。

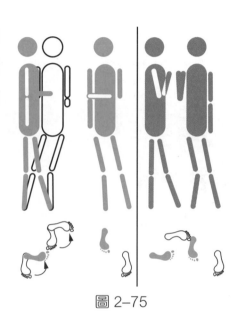

圖 2-75

2-63
摟膝拗步

這項動作曾見於第 1-7 節圖 1-18，更已見於第 2-7 節、第 2-21 節和圖 2-26，因此可參照所舉各節及各圖實行，如圖 2-76 所示。

2-64
海底針

這項動作已見於第 2–22 節及圖 2–27，可參照實行，如圖 2–77 所示。

2-65
扇通背

這項動作已見於第 2–23 節和圖 2–28，可參照實行，如圖 2–78 所示。

2-66
轉身撇身捶

這項動作已見於第 2–24 節及圖 2–29，可參照實行，如圖 2–79 所示。

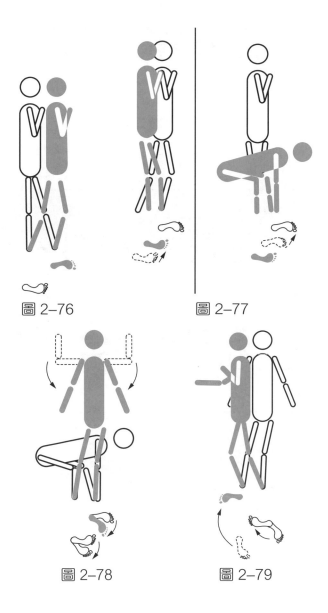

圖 2−76　　　　　　圖 2−77

圖 2−78　　　　　　圖 2−79

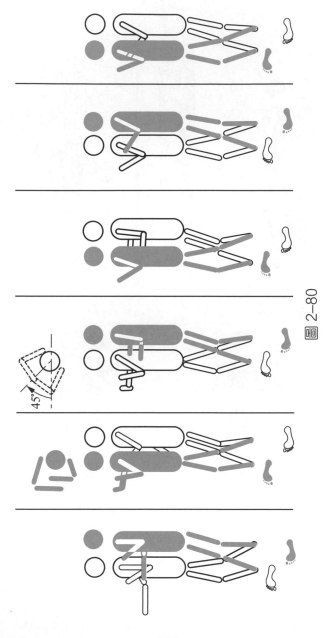

圖 2-80

2-67

掤攦擠按

　　這項動作已見於第 1–6 節、第 2–4 節、第 2–25 節，可參照所舉各節各圖實行，如圖 2–80 所示。

2-68

單　鞭

　　這項動作已見於第 1–8 節圖 1–26、 第 2–4 節圖 2–4、第 2–26 節圖 2–31、第 2–51 節圖 2–60 等，可參照實行，如圖 2–81 所示。

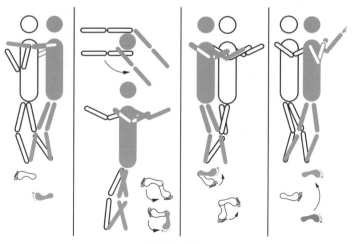

圖 2–81

2-69
擺　手

　　自單鞭最後姿勢到擺手的過渡動作如圖 2-82 所示，與圖 2-68 所示的動作相同，可參照圖 2-68 的說明實行。

　　圖 2-83 自左至右為各步擺手的情形，已見於第 1-7 節圖 1-20、圖 1-21 及第 2-27 節圖 2-33，可參照所舉各節各圖實行。

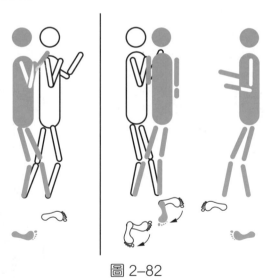

圖 2-82

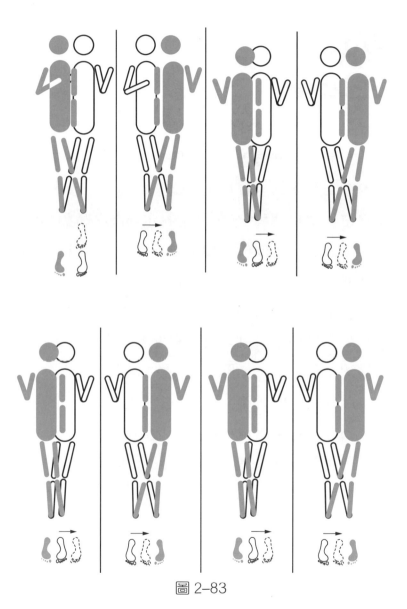

圖 2-83

2-70
白蛇吐信

自上擺手的最後姿勢將右腳向前跨出一步，而後使全實的左腳向地施力，並施行腹部呼吸，將身體移步到右腳，直到右腳為全實且左腳為全虛為止。移步期間，身體向左轉動 90 度，右腳及左腳也都向左轉動 90 度，右手作成鉤手式，放於右肩前上方，左臂垂落左肱與其折疊，如圖 2-84 最左圖塗色部分所示。然後維持上部肢體姿勢不變，使右腳向地施力，並施行腹部呼吸，將身體向前移位到左腳為全實且右腳為全虛為止，即刻將右腳移到左腳之旁，如圖 2-84 左二圖所示。

自此使左腳向地施力，並施行腹部呼吸，將身體向後移步到右腳為全實且左腳為全虛為止。移步後，即刻將左腳向左前方移去，而平鋪地面，如圖 2-84 左三圖所示。在此同時，右肱在右側向前伸出，左肱在左側向身後抽回，左手掌向上而右手掌向下，左肱略較右肱為低，如圖 2-84 右二圖所示。此後使右腳向地施力，並施行腹部呼吸，使身體向前移步到左腳為全實且右腳為

全虛為止。移步期間，右肱維持和地面沒有相對運動，橫於胸前，而左肱隨身體前進，如此則使左肱指向前方而在右肱上方伸出，此期間維持左手掌向上且右手掌向下，此之謂白蛇吐信，如圖 2-84 右圖塗色部分所示。

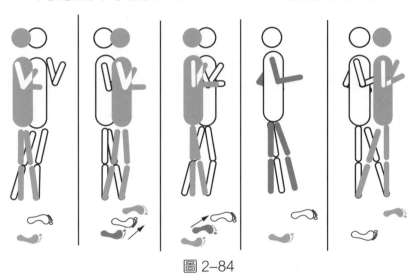

圖 2-84

2-71
轉身十字腳

　　自上白蛇吐信最後姿勢使左腳向地施力，並施行腹部呼吸，將身體向後移步，到右腳為全實且左腳為全虛為止。移步期間，將左肱收回到身旁，左掌向上，同時

右肱和右臂折疊置於身旁，如圖 2-85 左圖所示。而後
以右腳為軸將身體及左腳轉動 180 度，作背轉身動作，
再使右腳向地施力，並施行腹部呼吸，將身體移步到左
腳為全實為止。這時右腳自然對地面已沒什麼著力，於
是轉身後將右腳伸直向前踢出，同時將左右兩臂膀分別
向左右方伸出，兩掌心同時向上，此之謂轉身十字腳，
如圖 2-85 右圖塗色部分所示。

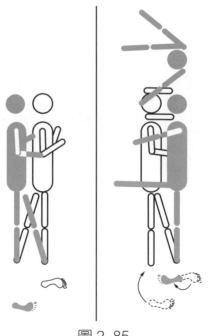

圖 2-85

2-72
摟膝指擋捶

自上轉身十字腳最後姿勢先將右腳落地，使右腳平鋪於左腳右前方成全虛狀態，而後使左腳向地施力，並施行腹部呼吸，將身體向前移步到右腳為全實且左腳為全虛為止。移步完了，兩肱分別與臂折疊，並分別置於身體左右側，如圖 2-86 左圖塗色部分所示。 之後移動全虛的左腳到右腳左前方，進行前述的摟膝拗步，即以右腳向地施力，並施行腹部呼吸，向前移步到左腳為全實且右腳為全虛為止。移步期間，右手握拳而左臂膀垂落，待移步完結，將右拳伸出體外，使拳的高度約在兩膀之間 ， 此之謂摟膝指擋捶，如圖 2-86 右圖塗色部分所示。

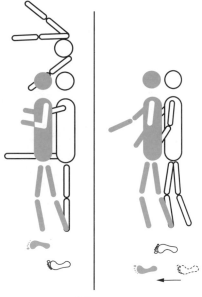

圖 2-86

2-73
進步掤攦擠按

　　自上摟膝指擋捶最後姿勢將右腳移到左腳的右前方，使之為全虛狀態，自此使左腳向地施力，並施行腹部呼吸，將身體向前移步到右腳為全實且左腳為全虛為止。移步後，右肱和左肱都橫於胸前，兩掌心相對如抱球姿勢，此即所謂之進步掤，如圖 2-87 左圖塗色部分所示。而後在圖 2-87 依序向右次第為攦擠按，其作法

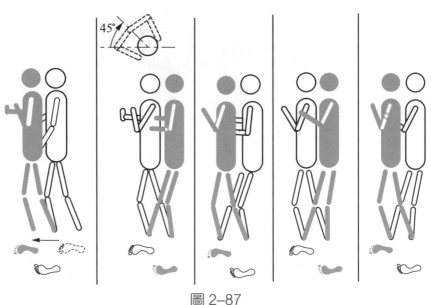

圖 2-87

及作時的要訣一如圖 2–66 所示，即為第 1–6 節、第 2–4 節、第 2–25 節所示及所述，可參照實行。

2-74
單　鞭

這項動作一如第 1–8 節三步轉身中所述，也和圖 1–26 自左至右各步驟相同，可參照實行，如圖 2–88 所示。

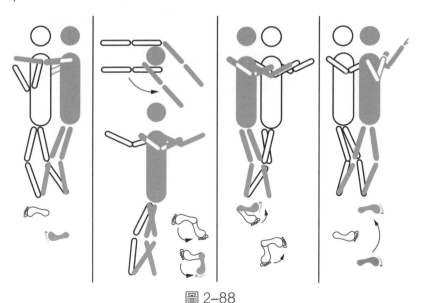

圖 2–88

2-75
蛇身下勢

自上述單鞭的最後姿勢使左腳向地施力,並施行腹部呼吸,將身體向後移步到右腳為全實且左腳為全虛為止。移步期間,兩肱和臂分別折疊而置於身體左右側,如圖 2-89 左圖塗色部分所示。

而後將身體向下沉彎,身體重量仍由右腳承擔,待右腿折疊致坐實右腳上時,左肱和左臂幾在直線位置,而架於左腿上方,右臂膀稍為折疊而垂落, 如圖 2-89 右圖塗色部分所示。此之謂蛇身下勢。

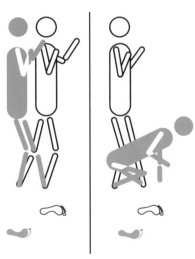

圖 2-89

2-76
上步七星

　　自上述蛇身下勢使右腳向地施力，並施行腹部呼吸。將身體向左腳移步，同時使身體起立，待身體完全直立，左腳已為全實且右腳為全虛，即刻將右腳移到左腳右前方，如圖 2-90 塗色部分所示。兩手握拳相互疊於身前，此即上步七星。

圖 2-90

2-77
退步跨虎

自上述上步七星將全虛的右腳移到左腳右後方，然後使左腳向地施力，並施行腹部呼吸，將身體向後移步到右腳為全實且左腳為全虛為止。移步後，右臂帶同右肱向上舉，右掌向前，左臂膀伸長垂落於身體左側，掌心向下，如圖 2–91 塗色部分所示。此之謂退步跨虎。

2-78
轉身擺蓮（雙擺蓮）

自上述退步跨虎以右腳為轉軸，並使右腳施力於地，將身體先向右扭轉約 180 度，然後將左腳繞過右腿約轉 225 度，可平鋪於右腳的右前方，如圖 2–92 左圖塗色部分所示。而後使右腳向地施力，並施行腹部呼吸，將身體移步到左腳為全實且右腳為全虛為止。移步期間，左腳尚向右繼續轉動 135 度，右腳隨右腿向左上方舉起，而後再向右前方擺動。於此同時，右手掌向下伸出身前，

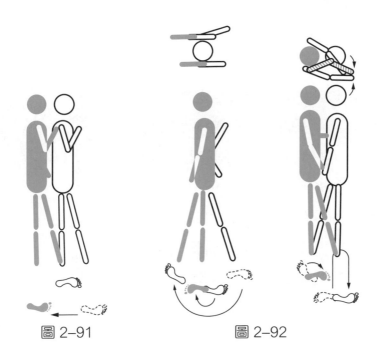

圖 2-91　　　　　　圖 2-92

可使向右前方擺動的右腳尖與右掌下面相觸及，左臂膀
可伸直垂落於身體左側。可見這種動作中左右兩腿都有
擺動，故稱之雙擺蓮，如圖 2-92 右圖塗色部分所示。

2-79
彎弓射虎

　　自上述轉身擺蓮最後姿勢使左
腳向地施力，並施行腹部呼吸，將
身體移步到右腳為全實且左腳為全
虛為止。移步期間，身體向左轉動
90 度，自然左右腳也同時都轉 90
度。移步後，右臂上舉，右肱橫於
胸部上方，右手握拳使虎口向下，
左臂垂落，而左肱橫於胸部下方，
左手握拳使虎口向上。兩拳虎口上

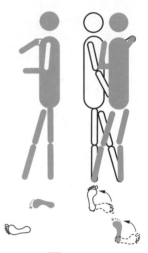

圖 2-93

下相對，此之謂彎弓射虎，如圖 2-93 右圖塗色部分所
示。本圖左圖為自左側所視圖式。

2-80
撇身捶

　　自上述彎弓射虎最後姿勢使右腳向地施力，並施行

腹部呼吸，將身體移步到左腳為全實且右腳為全虛為止。
移步期間，身體已向右轉動 90 度，右臂膀已垂落置於身
體右側， 左臂垂落及左肱和左臂折疊略向前彎 ， 如圖
2–94 左圖塗色部分所示。而後使左腳向地施力，並施行
腹部呼吸，將身體移步到右腳為全實且左腳為全虛為止。
移步期間，右手握拳隨身體前進，待移步完了，使拳心
向上，左臂膀維持垂落狀態，此之謂撇身捶，如圖 2–94
右圖塗色部分所示。

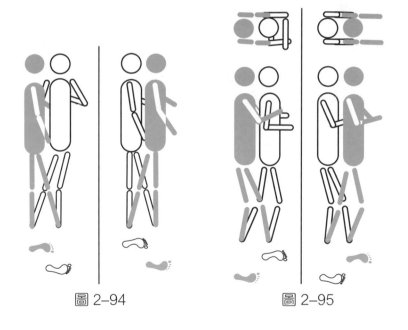

圖 2–94　　　　　　　圖 2–95

2-81
如封似閉

自撇身捶最後姿勢將左腳移到右腳左前方，使右腳向地施力，並施行腹部呼吸，將身體向後移步到右腳為全實且左腳為全虛為止。移步期間，左肱橫放腹前，右手握拳隨身體前進，待左腳為全實時右拳已在左肱下方，而後使左腳施力於地，並施行腹部呼吸，將身體向後移步到右腳，直到右腳為全實且左腳為全虛為止。移步時，將兩手釋展為掌心向上，兩肱分別和兩臂伸直，並分別置於身體左右側，如圖 2–95 左圖塗色部分所示。

自此再使右腳向地施力，並施行腹部呼吸，將身體向前移步到左腳為全實且右腳為全虛為止。移步期間，使左右兩肱對地面沒有相對運動，兩掌心改為向前傾斜，因此相形下，移步時兩肱和兩臂成相互折疊狀態，如圖 2–95 右圖中塗色部分所示。

2-82
合太極

　　這種動作和第 2–13 節及圖 2–13 的抱虎歸山動作相同。它是自上述如封似閉最後姿勢使左腳向地施力，並施行腹部呼吸，將身體移步到右腳為全實且左腳為全虛為止。移步完結，身體已向右轉動 90 度，兩臂膀同時向上伸直，分別置於身體兩側，而後再使右腳向地施力，並施行腹部呼吸，將身體後移到左腳為全實且右腳為全虛為止。並將已全虛的右腳向後移位和左腳平行，而相隔約一肩寬度，如圖 2–96 左圖塗色部分所示。而後使右腳向地施力，並施行腹部呼吸，將身體向左移步到左右兩腳平均分擔體重為止。

　　移步期間，身體向下沉落，兩臂膀同時各自向外劃弧而逐漸下垂，待身體向下沉落到兩腿彎曲程度已到正常動作時的情形，左右兩肱已劃弧到達胸前成十字交叉狀，兩掌心都向內，但左掌在內而右掌在外，如圖 2–96 右圖塗色部分所示。是謂之合太極，而為太極拳的最後一個動作。最後兩腳同時向地施力，並施行腹部呼吸，

直到身體直立且兩腿伸直
為止。站立時兩臂膀逐漸自
胸前伸直，而分別置於身體
兩側，全身放鬆如圖 2-1 左
圖所示。

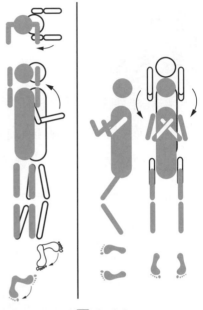

這時候兩腳所在的位
置應該恰巧與太極起勢前
兩腳的位置相吻合。但如果
每倒攆猴所作的套數及擺
手所作的套數沒如上文中
上圖所定，則合太極後，兩

圖 2-96

腳位置便不能和起勢前兩腳位置相吻合。若按上文中上
圖規定作倒攆猴和擺手，但每進退或左右移步時不能達
到圖 1-6 中 x 和 y 的肩寬規定，也難使合太極與起勢時
兩腳位置相吻合。反之，若能依規定達到兩種情形下兩
腳位置吻合，未嘗不是一種動作表現的藝術，亦打太極
拳之一樂也！

附錄 I 正直投影圖

　　如果要將一個立體的人或物在平面的圖紙上表達得清楚而真實，很容易想到用照像攝影法。若是從一個方向取像不能表達得完好，便須從多方向取像，多照幾張照片。可是照像成本或許比較高，何況所得照片上的某部位形狀和實際情形有相當偏差，例如一個實際上為真圓部位因拍攝角度不同，在照片中可能顯現成一個橢圓，所以很多場合都不用照像攝影的方法，而採取正直投影的方法。

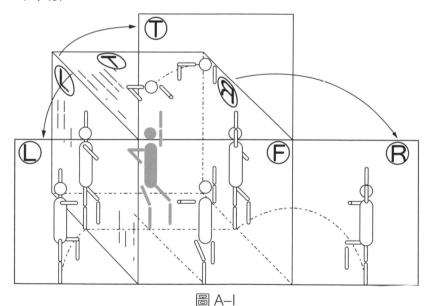

圖 A-I

　　在圖 A–I 塗色的人便是要表達的對象。設想在他的左右前後和上下都放置著可以顯影的平面 L、R、T、F 等，這些平面都相互垂直，而構成一個矩形的方盒，他面向正前方站立著。先讓我們隔著 F 面從人的正前方去看他，假使我們的一束視線是相互平行而且垂直於 F 面，將視察所得人的各部輪廓線顯現在 F 面上，如圖所示。這個圖形可稱之為他的正視圖。

　　再讓我們從他的右方隔著顯影平面 R 去看他，所得在 R 面上的輪廓圖，稱為他的右側圖，然後將它依時鐘方向轉到 R 和 F 在同平面上，如圖 A–I 右下方所示。同理可以求得他的左側圖，如圖 A–I 左下方所示。再依同理，能從上方看他，可得到他在 T 面上的俯視圖。

　　由此，可以將分別在 R、L、F 及 T 四個顯影平面上所呈現的圖形表現在同一平面上。如果覺得圖面表達仍然不夠周詳，可再依上述的原理，從他的後方或下方去觀視，而得所謂後視圖或下視圖。若覺得所用的圖面過多，使人不易了解，便可省略其中某個或某些圖面。總之，以不多不少、恰到好處的圖面條件下，決定所取的圖面數。

附錄 Ⅱ 斜視投影圖

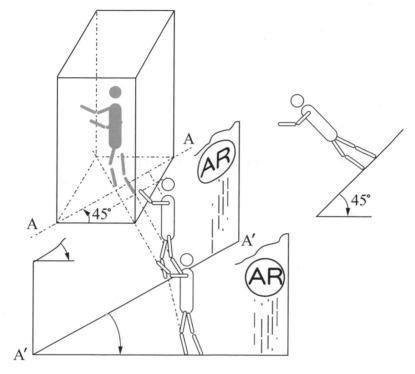

圖 A–II

　　在圖 A–II 中塗色的人是要表達的對象,他的左右前後和上下也都有顯影平面,相同於圖 A–I 的情形。但是要我們表達的人已不再是正對著前方站立,而是沿著45度的斜方向站立,即沿圖中 A-A 線方向站立著。讓我們在他左側以 A'-A' 線平行於 A-A 線地方豎立一個顯影平面 AR,隔著這豎立的顯影平面去看他,可以在 AR 面

181

得到他所顯現各部輪廓的右斜視面，再將這 AR 面轉到正面來，如圖中下方的圖面所示。乍看起來這又和附錄 I 中的右側圖有相同的表達情形，換句話說，沒有表達出斜視面的真義。為能表達右方斜視的右斜視起見，可以將 AR 面所得的圖面轉動 45 度，如圖右方所示，既可表達斜視結果，又能表達斜的斜角。

依同理可以得到圖 A–III 的左斜視面。

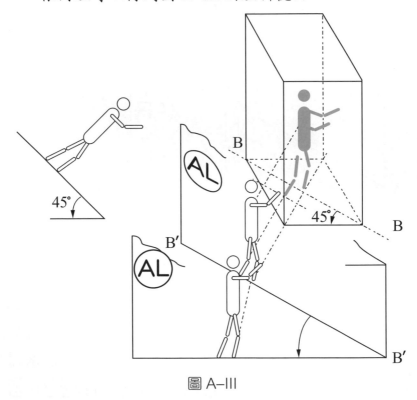

圖 A–III

【養生智慧叢書】

自己的肺自己救
——每天1分鐘的肺部保健指南

陳芳祝／著

我們的肺在 35 歲之後就開始衰退，
面臨肺的「初老」，你做足準備了嗎？
癌症連續三十多年位居我國十大死因之首，
而十大癌症之中，呼吸系統癌症的致死率更是位居第一！
但你對自己的肺了解多少？

為照顧國人健康、解答患者的困惑、釐清你我常有的迷思，
前臺北榮總胸腔部主治醫師陳芳祝，將三十餘年的從醫經驗
整理為這本淺顯易懂的指南。不論上班族、家庭主夫／婦、
青少年還是銀髮族，都能將本書作為案頭指南，讓自己一步
步邁向「肺」常健康的人生。

【養生智慧叢書】

老眼不昏花
——銀髮族的視力保健

劉瑞玲、林佩玉、蔡傑智、陳世真、王安國、鍾雨潔
蔡芳儀、黃怡銘／著

臺北榮總眼科醫師團隊彙整多年醫療經驗，鎖定因年齡增長
可能造成的諸多眼部疾病，詳細說明成因、預防方法及治療
方式，包括老花眼、白內障、青光眼、黃斑部病變、視網膜
病變，以及外觀性的眼瞼下垂、眼袋等。與市面上一般眼科
書籍全面性的介紹不同，特別適合銀髮族閱讀。

【養生智慧叢書】

中高齡不可忽視的身體警訊

李龍騰／著

【分門別類】將 18 個身體警訊依部位分類，一目瞭然
【通俗易懂】文筆親切，症狀描述以畫線標記，好讀好記
【一應俱全】每個段落都有健康小常識，預防勝於治療
【按圖索驥】附有全書症狀索引表，查找方便

年過四十，身體漸漸不聽使喚，開始出現頭痛、頭暈……等
問題，你也跟許多人一樣，覺得這些很正常，因而忽視了許
多顯而易見的警訊嗎？
這些症狀可能是身體所發出的警訊！若不仔細的去解讀這些
警訊，可能造成無法挽回的傷害，千萬不可忽視！

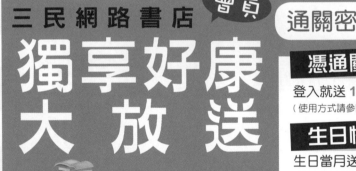

三民網路書店　會員

獨享好康大放送

書種最齊全
服務最迅速

通關密碼：A1905

憑通關密碼
登入就送 100 元 e-coupon。
（使用方式請參閱三民網路書店之公告）

生日快樂
生日當月送購書禮金 200 元。
（使用方式請參閱三民網路書店之公告）

好康多多
購書享 3% ～ 6% 紅利積點。
消費滿 350 元超商取書免運費。
電子報通知優惠及新書訊息。

超過百萬種繁、簡體書、原文書 5 折起　三民網路書店 www.sanmin.com.tw